# 大学生劳动教育教程

曹楠 主编

哈尔滨工业大学出版社

图书在版编目(CIP)数据

大学生劳动教育教程/曹楠主编.—哈尔滨:哈尔滨工业大学出版社,2021.10
ISBN 978-7-5603-9764-1

I.①大… II.①曹… III.①劳动教育－教材 IV.①G40－015

中国版本图书馆 CIP 数据核字(2021)第 211439 号

策划编辑　张凤涛
责任编辑　那兰兰
封面设计　宜是设计
出版发行　哈尔滨工业大学出版社
社　　址　哈尔滨市南岗区复华四道街10号　邮编150006
传　　真　0451－86414749
网　　址　http://hitpress.hit.edu.cn
印　　刷　北京荣玉印刷有限公司
开　　本　787mm×1092mm 1/16 印张 9 字数 230 千字
版　　次　2021年10月第1版　2021年10月第1次印刷
书　　号　ISBN 978-7-5603-9764-1
定　　价　42.00 元

(如因印装质量问题影响阅读,我社负责调换)

# 前言 PREFACE

劳动教育是向学生传授现代生产劳动的基础知识和基本生产技能，培养学生正确的劳动观点，使其养成良好的劳动习惯。本书旨在培养学生正确的劳动观点和良好的劳动习惯，使学生掌握初步的生产劳动知识和技能，本书共 10 章，分别是劳动创造美好生活、马克思主义劳动观、继承中华民族优良劳动传统、劳动的价值、弘扬劳动精神 奏响青春乐章、秉承劳模精神展现青年风采、铸造工匠精神 追求精益求精、做自立自强的自我管理者、社会实践与志愿服务、劳动安全与风险防范。

本书的编写结合了职业院校的学习要求和学生特点，理论知识简明扼要，贴近实际；通过"学习导读""知识讲解""实践劳动"等内容设计，强调手脑并用、身体力行，培养学生正确的劳动价值观和良好的劳动品质。

本书可作为高等职业院校劳动教育课程教材，也可供中等职业学校及其他学校教学使用。

编 者<br>
2021 年 8 月

# 目 录
## Contents

**第一章　劳动创造美好生活** ……………………………………………………（1）
　　第一节　劳动创造了人类最早的传奇 ……………………………………（2）
　　第二节　传统文化在劳动中薪火绵延 ……………………………………（6）
　　第三节　劳动创造了现代化的中国 ………………………………………（7）
　　第四节　劳动创造了中华民族的美好未来 ………………………………（11）

**第二章　马克思主义劳动观** ……………………………………………………（16）
　　第一节　马克思主义的劳动观 ……………………………………………（17）
　　第二节　如何树立正确的劳动观 …………………………………………（18）
　　第三节　树立正确劳动观的重要意义 ……………………………………（19）

**第三章　继承中华民族优良劳动传统** …………………………………………（21）
　　第一节　勤劳是中华民族的传统美德 ……………………………………（22）
　　第二节　幸福人生需要奋斗 ………………………………………………（22）

**第四章　劳动的价值** ……………………………………………………………（25）
　　第一节　劳动树德 …………………………………………………………（26）
　　第二节　劳动增智 …………………………………………………………（27）
　　第三节　劳动强体 …………………………………………………………（32）
　　第四节　劳动育美 …………………………………………………………（33）

**第五章　弘扬劳动精神　奏响青春乐章** ………………………………………（35）
　　第一节　劳动精神的内涵 …………………………………………………（36）
　　第二节　劳动精神的表现 …………………………………………………（39）
　　第三节　弘扬劳动精神 ……………………………………………………（41）

**第六章　秉承劳模精神展现青年风采** …………………………………………（45）
　　第一节　劳模精神的当代价值 ……………………………………………（46）
　　第二节　弘扬劳模精神 ……………………………………………………（50）

**第七章　铸造工匠精神　追求精益求精** ………………………………………（63）
　　第一节　认识工匠精神 ……………………………………………………（64）

第二节　工匠精神培育实干型的学生 ……………………………………(65)
　　第三节　实践工匠精神 …………………………………………………(68)
　　第四节　提升工匠精神从本职工作出发 ………………………………(76)

第八章　做自立自强的自我管理者 …………………………………………(80)
　　第一节　起居有序 ………………………………………………………(81)
　　第二节　洒扫庭除 ………………………………………………………(83)
　　第三节　学厨学德 ………………………………………………………(86)

第九章　社会实践与志愿服务 ………………………………………………(92)
　　第一节　主动树立当代大学生的社会责任感 …………………………(93)
　　第二节　积极参加规范化的志愿服务活动 ……………………………(104)
　　第三节　不断提高志愿服务的能力 ……………………………………(107)

第十章　劳动安全与风险防范 ………………………………………………(117)
　　第一节　实验室安全 ……………………………………………………(118)
　　第二节　求职与实习安全 ………………………………………………(125)
　　第三节　创业安全 ………………………………………………………(128)
　　第四节　劳动职业病 ……………………………………………………(132)

参考文献 ………………………………………………………………………(138)

# 第一章　劳动创造美好生活

**学习导读**

千百年来,人类用辛勤的劳动创造了辉煌的历史文明。中华人民共和国成立以来,中国人民又以艰苦奋斗、勇于创新和改革开放的精神改变了一穷二白的面貌,中国崛起,实现了中华文明的永续发展。

知识讲解

# 第一节 劳动创造了人类最早的传奇

## 一、文明：始于劳动

中华民族是一个善于创造、勤于劳动的民族，劳动不仅造福了人类，也推动了人类文明的发展。

大禹治水，手上不离"准绳"和"规矩"，走到哪里，测量到哪里，像一个工程师；女娲补天，需要烧制五彩石，更像是一个手工业者；神农尝百草，更像是一个农民；有巢氏盖房子，是建筑师；燧人氏点火，是化学家；黄帝造指南车，像个科学家；伏羲大神推演八卦，更像是一个最原始的数学家和程序员。

就创造文明而言，中国有四大发明（图1-1）。分别是造纸术、指南针、火药及活字印刷术，其中造纸术的出现给人类提供了书写的材料，使得信息得以记录、传播和继承，也便利了文化知识的保留和传播，推动了中华文明乃至世界文明的发展。

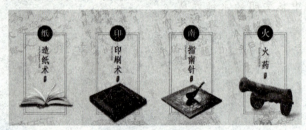

图1-1 四大发明

### （一）劳动创造历史

在马克思看来，只有人类的生产劳动才是人类历史的基础，才是解开人类历史发展秘密的钥匙。他说："人们为了能够'创造历史'，必须能够生活。但是为了生活，首先就需要吃喝、住、穿及其他一些东西。因此，第一个历史活动就是生产满足这些需要的资料，即生产物质生活本身，而且，这是人们从几千年前直到今天仅是为了维持生活就必须每日每时从事的历史活动，是一切历史的基本条件。"因此，只有立足于生产劳动才能真正理解人类历史的发展，只有劳动人民才是历史的创造者，而人类创造历史的行动蕴含在日常生产劳动之中。马克思由此批判了各种独立于人的生产劳动之外的唯心主义历史观，并将劳动看作建立历史唯物主义的基石，人类历史发展的一切现实性都离不开人的劳动过程。对于马克思的这一伟大发现，恩格斯曾经鲜明地指出,"历史破天荒第一次被置于它的真正基础上;一个很明显的而以前完全被人忽略的事实,即人们首先必须吃、喝、住、穿,就是说首先必须劳动,然后才能争取统治,从事政治、宗教和哲学等,这一很明显的事实在历史上的应有之义此时终于获得了承认"。总体来看,在马克思的历史唯物主义中,劳动被看作"一切历史的基本条件"和"人类的第一个历史性活动",既是人类历史发展的事实起点,也是整个历史唯物主义架构的逻辑起点。马克思正是通过劳动来揭示物质资料生产的作用,发现了人类社会关系发展的客观规律性;并由此肯定了人的主体地位,继而发现劳动人民在历史发展中的伟大作用。而这正是马克思全面建立历史唯物主义的两个理论准备。

### (二)劳动创造人本身

马克思深刻指出,劳动不仅创造出人类的物质世界和社会历史,同时,创造了人类自己。"劳动首先是人与自然之间交换的过程,是人以自身的活动来调整和控制人和自然之间物质交换的过程。"这是为了能够在对自身生活有用的形式上占有自然物质,人类必须使身上的自然力——臂和腿、头和手运动起来,而当人类通过这种运动作用于自身外的自然并改变自然时,也就同时改变自身所处的社会生活及人类本身。因此,"劳动是整个人类生活的第一个基本条件,而且达到这样的程度,以致在某种意义上不得不说:劳动创造了人本身"。对此,恩格斯在《自然辩证法》一书中依据当时的科学研究成果,从人类起源的意义上论证了劳动在从猿到人的转变过程中具有决定性作用。这种决定性作用主要体现在两个方面:不仅在人类的起源意义上,是劳动创造了人本身,而且在人类的进化意义上,也是劳动创造了人本身。因此,劳动的对象是人类生活的对象化:人不仅像在意识中那样在精神上使自己二重化,而且能动地、现实地使自己二重化,从而在他所创造的世界中直观自身。总之,劳动不仅是人的本质规定,更是人类自身生产和再生产的创造过程。

## 二、劳动创造文明

就劳动智慧而言,中国有万里长城,万里长城的每一段都是由中国古代劳动人民一砖一石堆砌而成的。它是世界上修建时间最长,工程量最大的古代防御工程。每当提起它,中国人民就感到无比骄傲。

如今,科技的创造让每一位中国劳动人民感到无比自豪。例如"嫦娥四号"探测器于月背成功软着陆。月背任务难点之一——在到处都是高山和撞击坑的月球背面安全着陆。"嫦娥三号"探测器系统总设计孙泽洲认为:"嫦娥三号"的落月是正中靶心,突破了月球背面的复杂地形、地貌识别的难点。它的成功实现了中华民族几千年来奔月的梦想。

因为劳动创造,让我们拥有五千年延绵不断、生生不息的华夏文明;也因为劳动创造,让我们屹立于世界民族之巅。

中华民族历来就是热爱劳动、勤于创造的民族。五千年的灿烂文明乃是世世代代中华儿女辛苦劳作、不断探索的成果。我们民族以勤劳为荣、以淫逸为耻。在整个民族的意识中，国家兴衰、民生甘苦、社会进退以及个人荣辱等，都与劳动紧密相关。"一夫不耕，或受之饥；一女不织，或受之寒。"崇尚劳动、勤于劳动，使我们的文明独树一帜、绵延不绝。

### 三、空谈误国，实干兴邦

古往今来，凡事成于真、兴于实，败于虚、毁于假。盛唐时期的姚崇，历任武则天、睿宗、玄宗三朝宰相。他临死前，有人问他有什么为政经验，他只讲了四个字"崇实充实"，意思是说，为政只有崇实，国库才能充实。战国时期的赵括，只会"纸上谈兵"，以致40万赵军全军覆没，赵国从此一蹶不振直至灭亡。此类正反面的例子不胜枚举，发人深省。

回望改革开放40多年的历程，中国经济持续发展，人民生活水平显著提高。创造今天美好生活的，正是亿万人民勤劳的双手，是上上下下苦干实干的精神。没有亿万人民的胼手胝足、日耕夜作，就不会有今日中国的巨变。

从造出第一颗卫星到载人飞船第一次飞天，从"解锁"深层页岩气田到科学开发城市地下空间，从开通第一条高速公路到港珠澳大桥（图1-2）……正是千千万万在平凡岗位上默默无闻、无私奉献的劳动者，用勤劳的双手、晶莹的汗水在中华大地上创造出了举世瞩目的人间奇迹。

图 1-2　港珠澳大桥

我们沐浴着改革开放的春风、伴随着祖国强盛的步伐成长起来，在和平的环境下接受了优良的教育，享受着幸福的生活。我们不能忘记这样的美好生活是如何得来的，要明白社会主义是干出来的，新时代也是干出来的，更要自觉培养自己的实干精神，学习榜样，躬身行动，传承劳动精神。

实践活动

### 实践活动:"幸福劳动者"采访活动

农民、工人、快递员、外卖员、房产中介、程序员、美工、设计师、工程师、作家、科学家、图书管理员……我们身边,有很多这样的劳动者,他们既普通也不普通,他们凭着一份坚持,靠着不懈的奋斗,过上了属于自己的幸福生活。

以小组(4~6人)为单位寻找身边或网络上至少3个行业(应至少包括一个新兴行业)的"幸福劳动者",采访他们的劳动故事,了解他们是如何通过劳动收获幸福的。要求采访过程和结果以PPT或短视频的形式呈现。

【过程记录】

活动开展计划:

活动开展关键点:

活动开展难点及解决方案:

心得体会:

【结果评价】

教师可参考表1-1对各小组"幸福劳动者"采访活动进行评价。

表1-1 "幸福劳动者"采访活动评价表

| 评价标准 | 分值 | 分数小计 | 教师评价 |
| --- | --- | --- | --- |
| 提前做好活动方案的策划 | 20分 | | |
| 达到采访目的 | 20分 | | |
| 分工合理,各成员均积极参与 | 20分 | | |
| 故事讲述精彩 | 20分 | | |
| PPT制作精美/短视频剪辑精美 | 20分 | | |

## 第二节 传统文化在劳动中薪火绵延

随着中国的崛起,中华优秀传统文化必将被世界更多的国家学习和传播,我们必须有这个文化自信!

### 一、中华传统文化体现出中华民族特有的思维方式和精神标识

中华传统文化是中华民族在五千多年的社会实践中形成的思想理念、传统美德和人文精神的集合,体现出中华民族特有的思维方式和精神标识。它在历史上为推动民族进步和社会发展发挥了重要作用,时至今日依然具有显著的时代价值。通过学习,我们要科学辨析传统文化中的精华与糟粕,实现优秀传统文化的创造性转化和创新性发展,从而为社会主义现代化建设提供精神滋养和智力支撑。

中华传统文化,依据中国历史大系表顺序,经历了有巢氏、燧人氏、伏羲氏、神农氏、轩辕氏、尧、舜、禹等时代,到夏朝建立,之后绵延发展至今。

### 二、中华传统文化的范围广泛

中华传统文化的范围广泛,文字、语言、书法、音乐、武术、曲艺、棋类、节日、民俗等都属于传统文化的范畴。传统文化是与我们生活息息相关的。具体来讲,中华传统文化以节日、古文、古诗、词语、乐曲、民族戏剧、曲艺、国画、书法等为载体。比如正月初一春节、五月初五端午节、八月十五中秋节等节日和各种民俗活动,以及包括传统历法在内的中国古代自然科学等,都是中华传统文化的组成部分。

从外延看,中国饮食文化可以从时代与技法、地域与经济、民族与宗教、食品与食具、消费与层次、民俗与功能等多种角度进行分类,展示出不同的文化品位,体现出不同的使用价值,异彩纷呈。

 实践活动

"致敬普通劳动者"主题活动

没有环卫工,哪有干净整洁的大街;没有保安员,哪有小区的祥和平安;没有快递员,哪能方便、快捷地买到心爱之物……每一座城市的美丽,都离不开基层劳动者辛勤的汗水和无私的付出,只要为社会创造价值,服务于人民,就是光荣的,只要是劳动者就该得到承认和尊重。

以小组(8~10人)为单位组织一次"致敬普通劳动者"主题活动,选择一个普通劳动者群体,向他们致敬。致敬的形式不限,既可以是发动社会力量为普通劳动者谋求福利,也可以是向普通劳动者献花,等等。要求活动过程用短视频的形式记录。

【过程记录】

活动开展计划：

活动开展关键点：

活动开展难点及解决方案：

心得体会：

【结果评价】

教师可参考表 1-2 对各小组"致敬普通劳动者"主题活动进行评价。

表 1-2 "致敬普通劳动者"主题活动评价表

| 评价标准 | 分值 | 分数小计 | 教师评价 |
|---|---|---|---|
| 提前做好活动方案的策划 | 20 分 | | |
| 给劳动者带来了感动 | 20 分 | | |
| 分工合理，各成员积极参与 | 20 分 | | |
| 活动形式新颖 | 20 分 | | |
| 短视频剪辑精美 | 20 分 | | |

## 第三节　劳动创造了现代化的中国

马克思认为，人与动物最大的区别就是人有劳动的自觉性，"有意识的生命活动把人同动物的生命活动直接区别开来"。

1958 年，中共中央、国务院关于教育工作的指示中明确地表示要将教育与生产劳动结合确定为党的教育工作方针。20 世纪 90 年代，将"教育必须与生产劳动相结合"的提法写进了《中华人民共和国教育法》，并在 2015 年的修订稿中予以保留。中华人民共和国第十三届全国人民代表大会常务委员会第七次会议通过了对《中华人民共和国劳动法》等七部法律的修改决定，由此可见，国家对劳动及其保护颇为重视。劳动无论是对个人还是对社会乃至对国家都有极其重要的意义。

### 一、劳动是个体创造美好生活、实现人生价值的基本途径

恩格斯在《劳动在从猿到人转变过程中的作用》中指出："其实劳动和自然界一起才是一切财富的源泉，自然界为劳动提供材料，劳动把材料变为财富。但是劳动还远不止如此。它是整个人类生活的第一个基本条件，而且达到这样的程度，以致我们在某种意义上不得不说：劳动创造了人本身。"每个人都离不开劳动，美好的生活需要通过劳动创造，这是新时代劳动教育的新的内涵。充分调动起人们作为劳动主体的积极性，使之为了实现美好目标而奋斗，可以说这是新时期对人们提出的新要求。

人的本质是通过劳动得以确定和形成的。劳动是人类最基本的生产活动，也是为

了生存和发展而采取的最迫切的活动，劳动在人的幸福生活创造中发挥着巨大作用，正是通过劳动，人才具有了追求美好生活的基本条件和途径。与此同时，人在劳动的基础上形成各种观念上的思想。当前，我国社会的主要矛盾已经转化为人们日益增长的美好生活需要和不平衡不充分的发展之间的矛盾。人们不再满足于丰衣足食，而是要从中获取更多的满足感和幸福感，而这些需要通过加倍的劳动获得。从这方面来说，劳动促进了人的自身发展，使人追求美好生活成为一种必然。"美好生活，作为一种生活目标，它是人们在实践中形成、有可能实现的一种未来理想生活状态。"正如马克思所说，"劳动已经不仅仅是谋生的手段，而且本身成了生活的第一需要"。这就要求我们把握好"美好生活靠劳动创造"这一基本价值指向，正确认识劳动在人的生存和发展中的重要地位，同时，相信通过劳动肯定能实现人的美好向往，实现人生价值。

**经典案例**

### 张能瑜大山深处守护光明

肩挎帆布包、脚蹬防蛇靴、手拿砍刀和"打狗棒"，国家电网重庆长寿供电局武隆巡线站站长张能瑜就是靠着这身装扮在武陵山区巡查线路、排除隐患，一干就是15年的。

2001年，重庆长寿供电局的220千伏武隆、彭水变电站投入使用。27岁的张能瑜毛遂自荐，成为武隆巡线站站长。虽是巡线站，却没有"站点"，迎接他的只有荒无人烟的崇山峻岭。十几年来，张能瑜带领巡线队队员踏遍了武陵山区，巡查线路1 300多千米，看护杆塔1 200余座，守护着大山深处的光明。

记者好奇：张能瑜个子不高、态度温和，这些年"野外生存"般的日子是怎么度过的呢？

深山无路，张能瑜身负四五十斤（1斤=500克）的工具包，以砍刀开路，用木棒防身，一路披荆斩棘、翻山越岭。山路难走，对于长达20多千米的山路，张能瑜要走一天一夜，披星戴月、饥寒交迫是常态。面对艰苦，军人出身的张能瑜拿出不服输的干劲："红军长征二万五千里，吃这点苦算什么？"

"我们是'线路医生'，线路哪里有毛病治哪里，小问题也忽视不得。"张能瑜从不放过任何细小问题，对人对事十分严格。2011年，张能瑜验收一段110千伏高压线路时发现存在安全隐患，不予过关。为此，施工队不得不返工一年多。"很多施工队都恨我，怕遇到张某人验收。"张能瑜很无奈，"不是我故意找碴儿，一旦线路出问题，高速公路和铁路系统、居民、企业用电都受影响，损失就大了。"在张能瑜的严格把关下，他经手的许多项目被评为优质工程。

作为"巡线能手"，张能瑜不忘做好"传帮带"。在渝东南的10多年里，张能瑜带了60多个年轻人。谢毅便是其中一位，跟着张能瑜巡线10年的他对师父又敬又怕。敬的是他的谆谆教导，张能瑜曾带着恐高的谢毅一步一步地爬铁塔；怕的是他的严厉，"犯错是要受到严厉批评的"。然而，严师出高徒，张能瑜带出来的年轻人个个都是巡线好手。

巡线10余载，"徒弟"走了一拨又一拨，张能瑜却一直坚守在大山深处。2012年，为发扬张能瑜的榜样作用，"能瑜党员隐患排查队"在渝成立。张能瑜担任队长，统筹生产、营销、农电等领域各个环节的隐患排查和治理工作。"能瑜党员隐患排查队"成立至今，共排查各类隐患1 000余起，隐患消除率达98%。

任务重了，责任大了，张能瑜做得更出色了。在他的带领下，100余人的队伍既进行巡线排查，也搞科研创新。在短短数年间，"能瑜党员隐患排查队"研发了"防坠落登高升级板""跨越式平衡杆"等8项国家专利，主持承担"输电线路杆塔绝缘子闪络显示装置的研制"等3项科技项目，发表专业学术论文9篇，发布QC创新成果6项。近年来，张能瑜先后被评为"全国劳动模范""国家电网公司十大杰出青年"，成了"大名人"，但张能瑜仍初心不改，仍继续巡线。

### 二、劳动是推动人类社会进步的根本力量

中华人民共和国成立以后，劳动光荣的观点开始突出表现为劳动人民在政治上的尊崇，劳动发展成为思想政治教育中重要的环节，故此，劳动光荣开始成为社会主义社会的一个主旋律。劳动是光荣而神圣的存在，劳动的主体——人也有了一个光环。无产阶级是为广大劳动人民服务的，所以，那时的劳动和劳动人民的社会地位也有了很大的变化。

改革开放以后，随着人们对物质财富要求的增高，劳动光荣的重心逐渐偏移到对物质的获得感和满足感上。这一转变表明了人们越来越重视劳动的具体性和实用性，从而满足生产力的快速发展。

营造劳动光荣的社会风尚是一个长期且复杂的过程，离不开劳动人民的道德认可、政治遵从、物质满足和精神塑形。在社会主义现代化建设的发展和变化中实现劳动光荣，更是一个艰巨且意义深刻的任务，可以说，劳动是推动人类社会进步的根本力量。在现在科技发展、精神文明建设颇具活力的新时代，要想传递富有新含义的"劳动光荣"理念，必须把它作为新时代劳动教育的出发点和最终归宿。

人类是劳动创造的。在这个蔚蓝色的星球上，"万类霜天竞自由"，而人为万物之灵长，既非天命注定，亦非纯属偶然，正是劳动推动了"人猿相揖别"那惊心动魄的历史一跃。因此，恩格斯说："劳动创造了人本身。"劳动既是观念，也是行动；既是精神，也是实践；既是人的特质，也是人的品质。只有人类才能进行自觉的劳动，动物只不过是本能的活动。

社会是劳动创造的。在构想未来理想社会建立时，马克思提出三个重要条件：人

们奴隶般地服从分工的消失；脑力劳动与体力劳动对立的消失；劳动不再仅仅是谋生的手段，而成为生活的第一需要。在原始狩猎社会，人类只能茹毛饮血、食不果腹、衣不蔽体；在农业耕作社会，人们秋收冬藏，"一夫不耕，或受之饥；一女不织，或受之寒"。随着进入工业社会和信息社会，人类重复性劳动比例下降，创造性劳动比例上升，消灭脑力劳动与体力劳动对立的条件不断出现，生产生活资料不断丰富，劳动不仅仅是人的谋生手段，更逐渐成为生活的第一需要。劳动丰富了人类智慧，不断推动科学技术的发展，提高了人类改造和保护自然的手段，也通过劳动关系不断调整着社会关系。

劳动创造文明。从社会发展史看，人类经历了农业革命、工业革命，正在经历信息革命。农业革命增强了人类生存能力，使人类从采食捕猎走向栽种畜养，从野蛮时代走向文明社会。工业革命拓展了人类体力，以机器取代人力，以大规模工厂化生产取代个体工场手工生产。而信息革命则增强了人类脑力，带来生产力又一次质的飞跃，对国际政治、经济、文化、社会、生态、军事等领域发展产生深刻影响。在这个过程中，正是劳动推动人类文明快速发展。

劳动创造价值。"民生在勤，勤则不匮。"一部人类文明史，就是一部劳动创造史。劳动是个体与民族生存的最基本条件，衣食住行、物质用度，均系劳动所出；劳动是人类智慧增益的最重要条件，分工协作、生产交换深刻影响着社会结构，进而塑造社会机制与文化观念；劳动是充实人类社会的最广泛内容，语言因之而丰富，艺术因之而产生，伦理因之而规范，科技因之而创发。劳动是财富的源泉，也是幸福的源泉。人世间的美好梦想，只有通过诚实劳动才能实现；发展中的各种难题，只有通过诚实劳动才能破解；生命里的一切辉煌，只有通过诚实劳动才能铸就。

### 三、劳动是富国强民的重要举措，是国家发展的前提和力量

马克思曾说："任何一个民族如果停止劳动，不用说一年，就是几个星期，也要灭亡，这是每一个小孩都知道的。"一个国家的发展无疑是靠劳动支撑起的各行各业的有序进行，从一个人依靠劳动自力更生到千百万人依靠劳动丰衣足食，支撑起来的是整个国家的安定和发展。

自改革开放以来，我们提出建设富强民主文明和谐的现代化国家，确定了全面建成小康社会的奋斗目标，强化人民的劳动主体地位，强调劳动的客观价值和意义。可以说，没有全国所有劳动人民对待劳动的热情，以及积极进取的决心和力量，社会主义事业的进程不会达到目前的阶段，蓬勃发展的势头更要后延。

习近平总书记曾强调，"弘扬劳模精神，弘扬劳动精神，弘扬我国工人阶级和广大劳动群众的伟大品格，在实现'两个一百年'奋斗目标的伟大征程上再创新的业绩，以劳动托起梦想"。劳动托起中国梦是新时代劳动观教育的重要方向，是实现中华民族伟大复兴的强大动力。实现中华民族的伟大复兴是中华民族近代以来最伟大的梦想。

这种伟大梦想是与中华民族劳动人民的劳动和实践紧密联系在一起的。

一切为我国社会主义现代化建设和为中国梦的实现助力的所有劳动都是光荣的，都值得敬佩，参与这伟大进程的所有劳动人民都应该得到尊重，因为这一切归根结底都是为了实现国家富强、民族振兴和人民幸福的目标。"中国梦"是每个劳动者的"中国梦"，"劳动者"是一同实现"中国梦"的劳动主体，实现中华民族伟大复兴的"中国梦"是广大劳动人民伟大劳动、不懈奋斗的价值指向。

## 第四节 劳动创造了中华民族的美好未来

人民创造历史，劳动开创未来。习近平总书记指出，必须牢固树立劳动最光荣、劳动最崇高、劳动最伟大、劳动最美丽的观念，让全体人民进一步焕发劳动热情、释放创造潜能，通过劳动创造更加美好的生活。党的十八大以来，以习近平同志为核心的党中央十分关心广大工人阶级和劳动群众，高度重视劳动者权益和民生保障，在全社会大力弘扬劳模精神、劳动精神，劳动光荣、创造伟大已经成为铿锵的时代强音。以党的关怀为根本政治动力，以健全法制为重要制度保障，我国广大劳动者斗志昂扬，在实现"两个一百年"奋斗目标和中华民族伟大复兴中国梦的征程上，正焕发出全新面貌，展现出磅礴力量。

### 一、劳动是实现中国梦的坚实依靠

中华民族是勤于劳动、善于创造的民族。正是因为劳动创造，我们拥有了历史的辉煌；也正是因为劳动创造，我们拥有了今天的成就。劳动创造了中华民族，造就了中华民族的辉煌历史，也必将创造出中华民族的光明未来。

劳动是一切成功的必经之路。幸福不会从天而降，梦想不会自动成真。实现我们的奋斗目标，开创我们的美好未来，必须依靠辛勤劳动、诚实劳动、创造性劳动。中国特色社会主义事业大厦是靠一砖一瓦砌成的，人民的幸福是靠一点一滴创造得来的。一切劳动，无论是体力劳动还是脑力劳动，都值得尊重和鼓励；一切创造，无论是个人创造还是集体创造，也都值得尊重和鼓励。全社会都要贯彻尊重劳动、尊重知识、尊重人才、尊重创造的重大方针，以辛勤劳动为荣、以好逸恶劳为耻，任何时候任何人都不能看不起普通劳动者，都不能贪图不劳而获的生活。

实现中国梦，关键靠劳动。经过近代以来特别是我们党诞生以来中国人民持续奋斗，中华民族伟大复兴已经展现出光明前景，现在我们比历史上任何时期都更接近中华民族伟大复兴的目标，比历史上任何时期都更有信心、更有能力实现这个目标。同时，实现中华民族伟大复兴还有很长的路要走，前进道路并不平坦，需要全体中华儿女众志成城、万众一心，把一切力量都凝聚起来，把一切积极因素都调动起来，为了共同的目标不懈奋斗。全面建成小康社会的奋斗目标，为广大劳动群众指明了光明的

未来；全面建成小康社会的历史任务，为广大劳动群众赋予了光荣的使命；全面建成小康社会的伟大征程，为广大劳动群众提供了宝贵的机遇。面对这样一个千帆竞发、百舸争流、有机会干事业、能干成事业的时代，广大劳动群众一定要倍加珍惜、倍加努力。

### 二、坚持崇尚劳动、造福劳动者，保障劳动者权利

回望我们国家走过的历程，从站起来、富起来到强起来，无论取得多么大的辉煌成就，背后都是劳动者的艰辛付出。正是在筚路蓝缕、胼手胝足与挥汗如雨的劳作中，我们托起了一个充满活力的现代中国；而要实现中华民族伟大复兴中国梦的宏大愿景，同样需要艰苦奋斗、不懈努力。我们必须充分发挥我国工人阶级的重要作用，焕发他们的历史主动精神，调动劳动和创造的积极性，用劳动和实干筑牢我们的梦想大厦。

始终坚持人民主体地位。人类社会的发展表明，人民是创造历史的主体，是推动社会发展的根本力量。要大力发展社会主义民主，切实保障和不断发展工人阶级和广大劳动群众的民主权利。坚持工人阶级的领导地位，加快推进社会主义民主政治制度化、规范化、程序化，促进人民群众依法、有序、广泛参与管理国家和社会事务、管理经济和文化事业。推进基层民主建设，健全以职工代表大会为基本形式的企事业单位民主管理制度，更加有效地落实职工群众的知情权、参与权、表达权、监督权。尊重人民首创精神，甘当人民群众小学生，把蕴藏于工人阶级和广大劳动群众中的无穷创造力激发出来，把工人阶级和广大劳动群众的智慧和力量凝聚到推动各项事业上来。

实现好、维护好、发展好劳动者根本利益。人民对美好生活的向往，就是我们的奋斗目标。国家建设是全体人民共同的事业，国家发展过程也是全体人民共享发展成果的过程。要实施积极的就业政策，创造更多就业岗位，改善就业环境，提高就业质量，不断增加劳动者特别是一线劳动者的劳动报酬。面对面、心贴心，抓住劳动就业、技能培训、收入分配、社会保障、安全卫生等问题，关注一线职工、农民工、困难职工等群体，努力让劳动者体面劳动、全面发展。深入实施科教兴国战略、人才强国战略、创新驱动发展战略，重视提高劳动者素质，拓展广大职工和劳动者成长成才空间，推动建设宏大的知识型、技术型、创新型劳动者大军。

切实维护广大劳动者合法权益。当前，在加快转变经济发展方式、促进经济结构战略性调整、化解过剩产能过程中，一些企业和职工遇到种种困难。越是这样，越要发挥职工群众主人翁作用，越要关心职工群众生产生活和职业发展，把全心全意依靠工人阶级的方针落实好。一方面，要依法保障职工基本权益，健全劳动关系协调机制，及时正确处理劳动关系矛盾纠纷，最大限度增加和谐因素、最大限度减少不和谐因素，构建和发展和谐劳动关系，促进社会和谐。另一方面，工人阶级和广大劳动群众要发扬识大体、顾大局的光荣传统，正确认识和对待改革发展过程中利益关系和利益格局

的调整，正确处理个人利益和集体利益、局部利益和全局利益、眼前利益和长远利益的关系，树立法治观念，增强法律意识，自觉维护社会和谐稳定。

更好发挥工会组织作用。工会是党领导的工人阶级群众组织，是党联系职工群众的桥梁和纽带。要坚持把群众路线作为工会工作的生命线和根本工作路线，把工作重心放在广大职工群众身上，着力强化服务意识、提高维权能力，让职工群众真正感受到工会是"职工之家"，工会干部是最可信赖的"娘家人"。坚决履行好维护职工合法权益的基本职责，把竭诚为职工群众服务作为工会一切工作的出发点和落脚点，帮助职工群众通过正常途径依法表达利益诉求，把党和政府的关怀送到广大劳动群众心坎上，不断赢得职工群众的信赖和支持。

**榜样力量**

### 石家庄小伙：我送"胖五"上青天

2020年5月8日13时49分，长征五号B运载火箭搭载的新一代载人飞船试验船返回舱成功返回。长征五号B运载火箭首次飞行任务的圆满成功，标志着空间站阶段飞行任务首战告捷，为全面实现我国载人航天工程第三步发展战略奠定了坚实基础，意义非常重大。按下长征五号B运载火箭点火按钮的操作员是石家庄小伙尹景波。

#### 轻轻一按，准备了八年

2020年5月5日18时，中国文昌航天发射场指挥控制大厅内，当01指挥员下达"点火"口令时，控制系统发控台操作手尹景波沉着坚定地按下了"点火"按钮，几秒钟后，只见长征五号B运载火箭从发射塔架上腾空而起，直冲云霄。当听到"船箭分离"时，大厅中岗位人员欢欣雀跃，激动地相互拥抱庆祝，尹景波也激动不已，他等待这一刻已有8年之久，为了这"轻轻一按"，之前所有的付出都是值得的。

尹景波1989年出生，石家庄灵寿县人，从西安交通大学硕士毕业后，2012年就职于中国文昌航天发射场，先后参与发射场设备系统、控制系统软硬件建设等工作，现任长征五号B运载火箭控制系统发控台操作手。

#### 成为发射场第三位"金手指"

能够充分在岗位发光发热，实现自我价值，的确是一件很幸福的事情。尹景波还清晰地记得，一年前，系统指挥员找到他，让他负责长征五号B运载火箭任务的发控台岗位，他虽然表现得很淡定，内心却兴奋异常。发射场每一名科技人员都有一个"金手指"梦，他也不例外。

尹景波很清楚，发控台是地面测试系统的核心设备，需要对整个控制系统测试的流程和设备原理很熟悉，需要熟练掌握每一个按钮的作用和每一个参数所代表的含义。钻研图纸、背记发控台上几十个按钮及数百个参数、请教前辈、撰写笔记，成了

尹景波那段时间的全部。

付出终有回报，经过精心准备，尹景波顺利通过了严格的上岗考核，以优异的成绩拿到了"金手指"的资格证，他也是文昌航天发射场投入使用以来第三任控制系统发控台操作手。

"金手指"属于发射场重中之重的岗位，一般情况下不会再负责别的岗位。可疫情的发生导致系统内一时间人手紧缺。正加紧备战长五任务的尹景波主动申请顶替不能归队人员的岗位。为此，他要完成双倍的工作量，付出双倍的努力。

多年来的付出在此刻感觉很值

"工作再多也不嫌多，再苦也不怕苦，就是对家人有些愧疚！"家就在20多千米外，因疫情的原因，尹景波已经近两个月没有回家，想到独自带着小孩在家自我隔离的爱人，这个航天小伙的眼神流露出忧伤。

在长征五号B运载火箭成功返回后，尹景波说："紧张的心情刚刚平复，我这一辈子都不会忘记此刻，多年来的付出在此刻感觉很值，家人在此刻应该更能认识、理解我们航天人。"

 **实践活动**

做有尊严的劳动者

【活动主题】

做有尊严的劳动者。

【活动宗旨】

通过本次活动，品味劳动者的喜悦与自豪，并懂得运用有关法律法规保护劳动者的合法权益。

【活动时间】

一周。

【活动主体】

全班同学。

【活动实施】

1. 把班级成员分成若干小组，寻找你身边的"幸福劳动者"，采访他们的劳动故事，重点了解他们是如何通过劳动收获幸福、赢得尊严的。然后完成表1-3，准备在班会课上进行交流。

表1-3　采访记录

| 小组成员 | |
|---|---|
| 访谈对象 | |
| 访谈内容 | |
| 总结感悟 | |

2. 各小组上网搜集一个侵犯劳动者合法权益的典型案例，然后查阅并学习与案例相关的保护劳动者权益的法律法规，完善表1-4。

表1-4　资料收集

| 小组成员 | |
|---|---|
| 资料来源 | |
| 典型案例 | |
| 法律法规 | |

3. 分小组进行交流讨论，根据上述两方面的案例得出结论，并制作海报。
4. 各小组代表上台完成活动汇报。
5. 评选出最佳调研小组、最佳海报。

# 第二章　马克思主义劳动观

**学习导读**

　　劳动观是人们对劳动的根本看法和基本态度，正确的劳动观能引导人们树立对劳动科学的看法和观点。随着经济的发展和科技的进步，劳动被赋予新的内涵。只有树立正确的劳动观，才能让自己更好地懂得尊重劳动人民，更好地珍惜自己的劳动成果，并以热情饱满的劳动态度积极投入到社会劳动生产过程当中，从而不断提高劳动生产率，为社会创造出更加丰富的社会物质财富，同时能够促进个人的全面发展。

知识讲解

## 第一节 马克思主义的劳动观

马克思主义关于劳动的论述，为我们提供了一个极其明确的认识社会与人类历史的视野。在这个理论视野中，我们能够探寻人类社会文明的实质与发展规律。马克思认为，"全部人的活动迄今都是劳动"。劳动是马克思思想体系中的核心观念，是马克思主义理论研究的基础。马克思主义对于劳动的论述，主要体现在以下几个方面：劳动本质论、劳动价值论和劳动解放论。

### 一、劳动本质论

马克思认为劳动是人的本质，人的本质是一切社会关系的总和。

（1）劳动创造了人本身。恩格斯在《劳动在从猿到人的转变过程中的作用》一文中，详细描述了劳动在人类从猿进化为人的过程中的作用。会使用和创造劳动工具把人类社会与猿猴世界得以区分开来，劳动使人学会了直立行走，并且劳动还创造了财富。

（2）劳动创造了人类生活。马克思、恩格斯在《德意志意识形态》中明确指出："全部人类历史的第一个前提无疑是有生命的个人的存在……劳动的过程就是人通过自身的劳动作用于自然的过程，是人的本质力量与自然之间的一种物质交换过程。"

（3）劳动是一切价值的创造者。

（4）劳动创造了社会关系。

### 二、劳动价值论

马克思主义政治经济学的基础理论是劳动价值论。劳动价值论详细阐述了商品经济的本质和运行规律。

（1）商品的二因素与劳动的二重性原理。使用价值——具体劳动；价值——抽象劳动。

（2）价值量与劳动生产率的关系。商品价值量与生产该商品的社会必要劳动时间成正比，与劳动生产率成反比。

（3）货币的产生与发展。货币是固定充当一般等价物的商品，是价值形式发展的完结阶段。

（4）价值规律。商品的价值量由生产商品的社会必要劳动时间决定，商品交换实行等价交换。

### 三、劳动解放论

劳动解放论是从劳动本质论和劳动价值论中得出的对科学社会主义的深刻表述，劳动解放论认为劳动的发展过程推动了人类历史当中在自然和社会两方面的不断解放。劳动解放首先是人类的智力的提高过程，是劳动工具的改进与经济形态的创新，而不是一种简单的政治行为或者政权的归属问题。其次劳动者解放程度是衡量社会文明的尺度和标准，对于劳动与劳动解放程度的促进或者倒退、保护或者破坏等，直接反映出社会的政治体系与制度模式的优劣。总之，劳动者解放是全人类的共同使命，一切社会制度都必须遵从于和致力于劳动者的社会解放。

## 第二节　如何树立正确的劳动观

### 一、树立科学的劳动价值观

马克思、恩格斯认为，劳动不仅是谋生的手段，更是通向客观世界与主观世界的媒介。劳动形成人的本质，是实现人的全面发展的重要途径。马克思主义劳动观启示我们，我们要树立科学的劳动价值观，应该认识到是劳动创造了人类社会，并推动社会不断向前发展。劳动是财富创造的源泉，"人世间的一切幸福都需要靠辛勤的劳动来创造"，明确人只有在劳动中才能为自身和社会创造价值。

### 二、弘扬艰苦奋斗的劳动精神

劳动精神表现为一种对劳动不惧困难、坚定不移积极接受的态度。艰苦奋斗是中华民族的传统美德，它激励着勤劳勇敢的劳动人民铸就了辉煌的成就，新的历史阶段更应该大力弘扬艰苦奋斗的劳动精神。我们是社会主义的建设者和接班人，应弘扬和践行艰苦奋斗的劳动精神，营造良好的劳动氛围，在劳动中实现自身价值。

### 三、培养敬业奉献的劳动态度

劳动态度是个人对劳动相对稳定的一种心理倾向。敬业奉献，是中华民族一以贯之的传统美德，是劳动观中最为基本的劳动态度，是社会主义基本原则和时代要求的具体体现。党的十八大把"敬业"作为社会主义核心价值观进行大力倡导。在新的历史时期，我们应养成热爱劳动、服务社会的奉献意识，积极自觉地投入到劳动中，享受劳动所带来的成就感，尊重和珍惜劳动的成果。

### 四、养成良好的劳动习惯

劳动习惯是指由于经常劳动而形成的自觉劳动需要的行为方式。劳动习惯既反映了人们是否形成了劳动的潜意识自觉,又反映了人们的劳动行为是否合乎规范的潜意识自律。新时代的大学生很多为独生子女,成长在父母溺爱的环境中,反映出来的劳动习惯问题令人担忧。因此,大学生要养成良好的劳动习惯,既包括良好的生活习惯,也包括勤奋严谨的学风。

## 第三节 树立正确劳动观的重要意义

### 一、有助于树立正确的人生观和价值观

马克思主义劳动观启示我们,劳动是一切历史的基本条件,是人类赖以生存、发展的决定力量。树立正确的劳动观,有利于我们真正认识到劳动创造人类社会的本源性价值,树立正确的人生观和价值观。通过树立正确的劳动观,我们热爱劳动,尊重劳动,激发学习热情和创新精神,真正认识到劳动是生命意义和生命价值实现的唯一途径,认识到劳动是财富创造的源泉,幸福都是奋斗出来的。

### 二、有助于形成积极向上的就业观和创业观

现今,很多大学生在就业过程中容易出现眼高手低、不能胜任工作等问题,只有树立正确的劳动观,才能形成积极向上的就业观和创业观。正确的劳动观能够培养我们优良的品质,实现积极就业。正确的劳动观能够帮助我们正确认识社会劳动分工的本质,消除劳动差别观,建立劳动平等观,为以后的发展奠定良好基础。正确的劳动观能够培养我们吃苦耐劳的劳动精神和创新精神,促进我们的自主创业。

### 三、有助于全面发展

作为社会主义建设者和接班人,大学生的全面发展对实现中华民族伟大复兴中国梦有着重要作用。合格的建设者和接班人本质上是"以劳动实现中国梦"的劳动者,既是辛勤的劳动者,也是敬业的劳动者,更是创造性的劳动者。树立正确的劳动观,有利于我们在劳动中增强体魄、磨炼意志、提升人格品质,实现以劳树德、以劳增智、以劳健体、以劳育美的目标。

**劳动故事知多少**

【活动目标】
通过收集、分享劳动故事,帮助学生树立科学的劳动观。

【活动时间】

建议 15 分钟。

【活动准备】

每个人通过查找纸质资料、上网搜索等方式收集、整理各类劳动故事，每人不少于 3 个，越多越好。

【活动流程】

1. 教师将学生按照 4~6 人划分小组，并每组推选一名组长。

2. 组内进行劳动故事分享，并讨论这些故事背后的启示，形成小组统一观点。

3. 教师要求每组汇报整理劳动故事数量，组内重复的劳动故事按照 1 个统计，按照每组整理的故事数量遵循由多到少次序进行班级分享。

4. 每组挑选 2~3 个典型故事由组长代表本组进行劳动故事和劳动观点分享，其他小组可以对其进行提问，小组内其他成员也可以回答提出的问题；通过问题交流，将每一个需要研讨的问题都弄清楚。前面组已分享的故事后面组不能再分享。

5. 教师进行分析、归纳、总结。

6. 教师根据各组在活动过程中的表现，给予点评并赋分。

# 第三章　继承中华民族优良劳动传统

### 学习导读

　　勤劳是新时代持续奋斗的重要品格和精神力量。中国特色社会主义进入新时代，意味着近代以来久经磨难的中华民族迎来了从站起来、富起来到强起来的伟大飞跃。有人将中国的发展奇迹称之为"勤劳革命"，是中国人的勤劳与奋斗将不可能变成了可能，用几十年时间走完了发达国家几百年走过的工业化历程。2020年是具有里程碑意义的一年，我们将全面建成小康社会，实现第一个百年奋斗目标；到2035年，我们要基本实现现代化；至本世纪中叶，建成社会主义现代化强国。实现中华民族伟大复兴的中国梦，需要我们继续弘扬勤劳美德，为创造幸福生活而不懈奋斗。

## 知识讲解

### 第一节 勤劳是中华民族的传统美德

勤劳是中华民族千百年来的行为倡导和传统美德。对劳动的肯定和赞美是中国传统文化的重要内容。

#### 一、勤劳是古代人民创造生活和文明的重要力量

中华儿女自强不息，用劳动创造了生活、创造了灿烂文化，在劳动中培养了互助和团结的精神。劳动人民在勤劳创造生活的同时，发挥聪明才智，创造了举世瞩目的灿烂文明，在建筑、科技、手工业、天文地理等诸多领域都取得了无可比拟的成就。万里长城、天文仪、龙门石窟、都江堰、大运河、素纱禅衣（薄如蝉翼、重量不足50克）、榫卯结构、记里鼓车（中国古代用来记录车辆行过距离的马车）等，无一不是凝聚劳动人民勤劳智慧的伟大成果。

#### 二、新时代需要我们继续弘扬勤劳美德

世间没有一种美好生活，可以不经过辛勤劳动获得。不管经济怎样发展，社会怎样进步，观念怎样转变，劳动创造美好生活的实质不会变。进入新时代，我们应继续弘扬勤劳美德，为创造幸福生活而不懈奋斗。

### 第二节 幸福人生需要奋斗

世界上没有坐享其成的好事，要幸福就要奋斗；奋斗本身就是一种幸福；新时代是奋斗者的时代。我们要为幸福而奋斗，在奋斗中谋幸福。

#### 一、劳动没有高低贵贱之分

古有士农工商，今有农民、工人、教师、科学家、外卖员、程序员、电子竞技员、人工智能工程技术人员、农业经理人等。随着社会分工的不断细化，不同形态的劳动层出不穷。但无论是传统劳动还是新型劳动，简单劳动还是复杂劳动，生产性劳动还是消费性劳动，每一种劳动都有其独特的价值与意义，都是促使社会正常运转、不断发展的不竭动力。劳动没有高低贵贱之分，只有社会分工的不同。

有人说，当农民太辛苦，当工人太不体面，而且挣钱少……实际上，真正决定一份工作贵贱的，是我们对它的看法和态度。每个行业出色的人都有一些共同的特点，

他们坚持把本职工作做好做精,他们追求自身成长,他们追求工作的成就感、价值感,他们是这个时代的创造者,值得我们所有人学习和尊敬。

## 二、人人都有出彩的机会,关键是要奋发努力

有些人总是抱怨社会不公平,抱怨自己占有的资源少,没有出彩的机会。事实真的如此吗?

首先,这个世界上没有绝对的公平。与其抱怨社会的不公平,不如把时间花在精进技能、提高自身上。

其次,强者把握机会,弱者等待机会,智者创造机会。这个时代,从来不缺乏机会,关键看你在面对机会时是否做好了充足的准备,是否能辨认机会、抓住机会。这个时代也从来不缺乏创新的土壤,关键看你是否能看准趋势、创造机会、趁势而起。

最后,幸福人生需要奋斗。我们无法改变出身,但我们有改变命运的机会。人生需要有一份恬淡自守的心境,少一些患得患失和心浮气躁,多一些脚踏实地和奋发向上。我们要始终相信:有耕耘才有收获,有奋斗才有成功,有付出才有回报。

 **榜样力量**

### 朱德的扁担

井冈山峰峦起伏,一条崎岖的小路蜿蜒曲折,通向山顶。一队穿着灰布军服的红军战士,每人肩挑一担粮食,正沿着这条山道向上攀登。他们一个个汗水湿透了衣衫,但脚步依然那样踏实。扁担合着脚步声,发出"吱嘎""吱嘎"的声响。队伍中有一位身材魁梧的"老"红军,四十多岁的年纪,四方脸,宽前额,浓眉大眼。他,就是工农红军第四军军长——朱德。

原来,1928年秋天,国民党反动派加紧了对井冈山革命根据地的军事围剿和经济封锁,妄图把红军困死、饿死。为了保卫井冈山根据地,粉碎敌人的阴谋,党中央向根据地军民发出了"自力更生、艰苦奋斗、坚持斗争"的号召。朱德积极响应,他和战士们一样,脚穿草鞋,身背斗笠,翻山越岭去挑粮。

当时,朱德已经四十多岁了,他白天挑粮上山,夜里还要批阅文件,和党代表毛泽东一起商议革命大计。战士们生怕他累坏了,都对他说:"你日夜操劳太吃力了,不要再下山挑粮了吧!我们大家每人多挑一点,就把你的这份补上了。"每当这时,朱德总是笑笑不作声,可是第二天一早,还是和战士们一起出发挑粮。

怎么办呢?有一回,一位小战士想出了这样一个主意,他对大伙说:"我们把朱军长的扁担藏起来,没有扁担,他就没有办法去挑粮了。"大家异口同声地说:"好!"这天挑粮回来,战士们就把朱德的扁担藏了起来。可是第二天,朱德又拿了一根新削好

的扁担出现在挑粮的队伍中。"再藏！他削多少，藏多少，一直藏到他不再挑粮为止。"战士们这样想。傍晚，朱德稍不留意扁担就不见了。他马上找了一根上好的毛竹，又削了一根扁担，还在扁担上刻了"朱德记"三个字，心想："这下你们就没法再藏了吧。"他拿了这根刻有三个大字的扁担，又来到挑粮的队伍中。战士们你看看我，我看看你，不知说什么好。朱德笑着对大家说："以后谁要再藏我的扁担，我可要批评了。"说完，就带领战士们消失在茫茫的晨雾中。战士们见朱德态度这样坚决，也就不好意思再藏了。

从此，"朱德挑粮上坳，粮食绝对可靠，大家齐心协力，粉碎敌人围剿"这首歌谣和"朱德的扁担"这个故事，就在井冈山根据地传开了。

只有经过劳作、经过奋斗得来的快乐，才是真正的快乐。而且快乐常常不是要等到艰苦之后，而是即在艰苦之中。

## 实践活动

### 新闻调查——我身边的劳动模范

以"我身边的劳动模范"为主题，通过新闻调查形式，以小组为单位开展调查活动。

活动步骤：_____

_____

活动内容：_____

_____

我的感想：_____

_____

_____

# 第四章　劳动的价值

> **学习导读**

路遥在《平凡的世界》一书中说，劳动，是人生的第一堂课。只有劳动才可能使人在生活中强大起来。劳动教育对于人的成长来说，不仅意味着劳动技能的提升，更意味着劳动精神的培育。从农耕社会"耕读传家久"的传统，到现代社会"劳动创造幸福"的箴言，时代在变，劳动的形式在变，但劳动的精神内核始终未变。

### 知识讲解

苏霍姆林斯基说："没有单独的智育，也没有单独的德育，也没有单独的劳动教育。"劳动作为大自然赐予人类的"生命活动"，凝聚了丰富的知识要素。在劳动中，就解决某个问题、突破某个环节寻找策略，需要与他人互助协作，及时总结经验教训，这不仅可以锻炼专注力、创造力和行动力，而且可以增强大局观念、合作意识，还能够增强体质、强健体魄。这些积极的正向赋予，对人的一生裨益良多。

## 第一节 劳动树德

人们对劳动的一般理解往往是付出时间获取报酬的手段，我们已经习惯了这种思维方式。作为劳动，高尔基曾经说过，在重视劳动和尊重劳动者的基础上，我们有可能创造自己的新的道德。因此，我们日常生活中的努力工作，都是提升心性最基本，也是最重要的方法。在日常生活中扮演好社会赋予自己的角色，或者对于自己应该做好的事情——公务、家务、学习等，都要尽心尽力，孜孜不倦，锲而不舍。这是磨炼人格的过程。

马卡连柯在《劳动教育》中说："正确的苏维埃教育如果不是劳动的教育，那是不能想象的。劳动永远是人类生活的基础，是创造人类生活和文明幸福的基础。""劳动最大的益处还在于人们的道德和精神上的发展。"那么学生在劳动的过程中究竟能培养哪些优良品德呢？

### 一、劳动培养责任意识

在生产过程中，分工要求每一个成员对自己所在的工作环节负责，如果因为自己的懈怠和懒惰而使整个集体的利益受到损失，那么这个人不但要受到集体舆论的讨伐，同时也要承担集体的惩罚。因此，在集体中进行的劳动教育能够使人意识到自己的劳动对于集体利益的重要意义，从而培养个人的责任意识和使命感。

### 二、劳动培养组织能力

学生将来会成长为共产主义事业的接班人，拥有一定的组织能力是积极投入民族复兴这项伟大事业的重要条件之一。马卡连柯认为，有组织的劳动能够培养集体成员良好的组织能力，这种能力包括"善于命令"和"善于服从"两个部分。组织者要学会"善于命令"，不能因为自己的权力而自傲，只有当他意识到自己发出的命令承载着大多数集体成员的意志时，他才能够发出命令。对组织者发出的命令要用积极的态度给予回应，拥护正确的命令。

### 三、劳动培养奉献精神

劳动教育尤其是生产劳动教育在组织的过程中需要耗费大量的时间,在这种长时期的劳动组织的过程中,必须有人要甘于奉献却又不求回报,即凭借着对集体美好未来的憧憬及强烈的集体荣誉感而努力工作。这些人将是良好的示范,会催促后人为集体的利益而努力奋斗,奉献自己的力量。

### 四、劳动培养彼此友谊

按劳分配是社会主义生产资料所有制决定的最基本的分配方式,劳动理所当然是获取所需的前提。集体中的共同劳动可以培养出一种同志关系,这种同志关系表现为要求他人跟自己一样为了集体的利益而努力劳作,对劳动者保持亲属般的友谊和爱护,而对那些不劳动的人表现出谴责和愤怒。

## 第二节　劳动增智

劳动不仅是对知识教育的补充,其本身就蕴含着丰富的知识内容。除了系统的书本知识学习,切实经历动手实践,出力流汗,接受锻炼,磨炼意志,是知识建构的重要过程。南宋诗人陆游诗云:"纸上得来终觉浅,绝知此事要躬行。"意谓从书本上学来的东西终归是浅显的,只有参加到实践活动中才能够获得最真实的知识。实践知识本身就是一种知识,不身体力行,不可能领悟其中的奥秘。

简单来说,劳动分为体力劳动和脑力劳动,脑力劳动当然会促进智力发展,大脑跟身体其他部位一样,经常使用才能保持高效运作。尤其是在我们这个年龄,正在最具有活力的时候,多动脑当然会变得更聪明。另一方面,体力劳动也会促进智力发展。

科学实验证明,体力劳动有助于调节神经系统的功能,能促进和改善全身的血液循环,加快新陈代谢,使大脑得到充分的营养物质和氧分子,有助于消除疲劳,恢复正常功能,从而使精神振奋,心情愉快。动手是我们发展思维的体操。俗话说:"心灵手巧。"反之亦然手巧心灵。体力劳动,是通过手脚的活动来实现的,而未成年人劳动和成人劳动在意义和内涵上有所不同。对未成年人的要求只是最基本的生活自理和做一些力所能及的家务等。通过这些基本劳动训练,孩子的双手和大脑可以协调发展。对孩子进行早期劳动训练,可以使孩子脑细胞得到更多的刺激,加快脑细胞发育成长,更有利于开发脑细胞的作用。在营养良好的情况下,劳动还能促进大肌肉、小肌肉的发育,劳动在培养健康体魄上所起的作用,同运动一样重要。许多劳动能显示体力与技巧多种多样的结合。因此,苏联教育家苏霍姆林斯基认为,劳动不仅使人"心地正直",而且能使人"身强力壮"。

个人通过努力获得成就得以发展的,人的发展既有赖于心理的因素,也有赖于身体的因素，身体的记忆也是大脑的记忆，脑力和体力绝非对立的，人的智慧是通过感官印象的力量形成的。正是通过这种神秘的内在劳动，我们的理性才得以发展。归根到底理性是人与非理性生物相区别的标志。人是可以做理性判断的，由此通过行为决定他自己的行动进程。通过劳动，我们履行自己在这个世界上的使命，并不断增进智慧。劳动是意识发展必不可少的因素，体力劳动是智力发展的一个基本要素，因为智力的发展有赖于从外界获得印象。通过劳动，我们获得许多经验，经过抽象总结，变成智慧，智慧指导我们使用正确的方法劳动，人类因此强大起来。可以说，是劳动使心灵和世界联系起来。

让我们动起来吧，身体常常活动，大脑和心灵也会跟着动起来的。

> **拓展阅读**
>
> ### 人工智能时代更需重视劳动教育
>
> 劳动是中华民族的传统美德，教育与生产劳动相结合也是马克思关于人的全面发展理论的重要内容。2020年3月20日，中共中央、国务院印发了《关于全面加强新时代大中小学劳动教育的意见》（简称《意见》），明确指出劳动教育是中国特色社会主义教育制度的重要内容，直接决定社会主义建设者和接班人的劳动精神面貌、劳动价值取向和劳动技能水平，强调要把劳动教育纳入人才培养全过程。
>
> 近年来，劳动教育一直是教育界关注的热点。
>
> 《意见》特别指出，劳动教育要"体现时代特征"。当今世界正在进入数字时代，人工智能的迅速发展正在深刻改变人类社会生活、改变世界。人工智能的概念最初诞生于1956年"达特茅斯会议"，经过半个多世纪的发展，人工智能这个词在我们生活中出现的频率越来越高，从产业界、学术界一直延伸到媒体和普通大众层面。为抢抓人工智能发展的重大战略机遇，我国于2017年正式提出《新一代人工智能发展规划》，将发展人工智能上升到国家战略高度。当今人工智能正在重塑各行各业的形态，我们从体力劳动以及一些常规性的脑力劳动中解放出来之后，今天我们来理解劳动教育，就应当赋予其新的时代内涵。
>
> 一方面，劳动教育并不只是对某种生活技能的单纯机械训练，更重要的是要在劳动实践中唤起人们对自身主体价值的觉知，在劳动中真实感知完整生活的意义。另一方面，劳动教育是要建立人们与真实世界的连接。人工智能与教育的深度融合发展，虚拟环境与现实环境的相互交融，使我们今天学习知识比以往任何时候都要便捷，那么知识是否会必然带来能力的提升，这中间却是不能完全画等号的。
>
> 我们在今天强调劳动教育，就是要强调其实践性，推动教育由知向行转化。
>
> 具体来说，劳动教育在人工智能时代的重要性主要体现在以下三个方面。

第一，人的社会交往。社会性是人的本质属性。马克思强调，"人的本质不是单个人所固有的抽象物，在其现实性上，它是一切社会关系的总和"。人工智能技术的发展使得我们传统的交流方式正在改变，人机关系、虚拟和现实关系正在成为人际交往的重要组成部分。人与人交流的物理性限制在不断地消失，但与此同时，平板电脑、手机等各种社交工具，在一定程度上给现实中的人际关系带来了挑战。劳动教育通过家务劳动、校园劳动、社区劳动以及社会志愿者活动实践，可以很好地拓展人在现实环境中的社会交往能力。我们在劳动教育的实践中，也可以重新思考如何处理与他人、与社会的关系，通过这些实践活动，从而提高自身的主体意识、合作意识、大局意识以及解决问题的能力。

第二，人的思维。互联网已经成为我们生活不可或缺的一部分，当我们随时随地可以通过智能手机上网获取解决问题的答案时，互联网也在改变着我们的思维方式。既然数字时代获取知识如此方便，那么通过网络寻找答案当然也是解决问题的途径之一。但思想的成熟是需要一个持续不断的训练过程的。如果我们碰到问题首先想到的就是网络，对问题没有调查研究，或者调查了之后也没有形成对结论的真实性进行独立思考的过程和习惯，那么很难说我们的思想就是成熟的。劳动蕴含着人的心智和思维方式，今天的劳动教育，更多地着眼于提高人的思考力、创造力和创新力，这些能力正是人工智能时代我们需要具备的核心素养。

第三，人的价值观。在马克思看来，劳动本身就是真、善、美相统一的过程。人工智能时代强调劳动教育，重要的是弘扬劳动精神。"民生在勤，勤则不匮"。中华民族是勤于劳动、善于创造的民族。正是因为劳动创造，我们拥有了历史的辉煌；也正是因为劳动创造，我们拥有了今天的成就。正如习近平总书记所说，"幸福都是奋斗出来的"。通过劳动教育，要使广大学生能够理解和形成马克思主义劳动观，真正崇尚劳动，尊重劳动，树立劳动最崇高、劳动最伟大、劳动最美丽的观念，培养勤俭、奋斗、创新、奉献的劳动精神，通过辛勤劳动、诚实劳动、创造性劳动来开创我们美好的未来。

（资料来源：求是网，2020 年 04 月 03 日，作者戴菁）

## 榜样力量

### "共和国勋章"获得者——屠呦呦

疟疾是世界上最主要的高死亡率传染病。青蒿素的发现，为世界带来了一种全新的抗疟药。以青蒿素为基础的联合疗法已经成为疟疾的标准治疗方法，在过去的 20 多年间,青蒿素联合疗法在全球疟疾流行地区广泛使用。据世卫组织不完全统计,青蒿素在全世界已挽救了数百万人的生命,每年治疗患者数亿人。

"中医药人撸起袖子加油干,一定能把中医药这一祖先留给我们的宝贵财富继承好、发展好、利用好。"中国中医科学院终身研究员、国家最高科学技术奖获得者、诺贝尔生理学(医学)奖获得者屠呦呦的声音铿锵有力。60多年来,她从未停止中医药的研究实践。

2015年10月5日,瑞典卡罗琳医学院宣布将诺贝尔生理学(医学)奖授予屠呦呦以及另外两名科学家,以表彰他们在寄生虫疾病治疗研究方面取得的成就。

这是中国医学界迄今为止获得的最高奖项,也是中医药成果获得的最高奖项。屠呦呦说:"青蒿素是人类征服疟疾进程中的一小步,是中国传统医药献给世界的一份礼物。"

20世纪60年代,在氯喹抗疟失效、人类饱受疟疾之害的情况下,在中医研究院中药研究所任研究实习员的屠呦呦于1969年接受了国家疟疾防治项目"523"办公室艰巨的抗疟研究任务。屠呦呦担任中药抗疟组组长,从此与中药抗疟结下了不解之缘。

由于当时的科研设备比较陈旧,科研水平也无法达到国际一流水平,不少人认为这个任务难以完成。只有屠呦呦坚定地说:"没有行不行,只有肯不肯坚持。"

通过整理中医药典籍、走访名老中医,她汇集了640余种治疗疟疾的中药秘验方。在青蒿提取物实验药效不稳定的情况下,出自东晋葛洪《肘后备急方》中对青蒿截疟的记载:"青蒿一握,以水二升渍,绞取汁,尽服之。"这给了屠呦呦新的灵感。

通过改用低沸点溶剂的提取方法,富集了青蒿的抗疟组分,屠呦呦团队最终于1972年发现了青蒿素。据世卫组织不完全统计,在过去的20年里,青蒿素作为一线抗疟药物,在全世界已挽救数百万人生命,每年治疗患者数亿人。

每当谈起青蒿素的研究成果,屠呦呦总是会说:"研究成功是当年团队集体攻关的结果。"而鲜为人知的是,起步时的屠呦呦团队只有屠呦呦和两名从事化学工作的科研人员,后来才逐步成为化学、药理、生药和制剂的多学科团队。

中国中医科学院首席研究员、青蒿素研究中心学术委员会主任姜廷良说:"对青蒿素作用机理的研究,需要'大协作'思维。"在这样的思路下,屠呦呦的团队结构发生了变化。

目前,屠呦呦团队共30多人,这些研究人员并不局限于化学领域,而拓展到药理、生物医药研究等多个学科,形成多学科协作的研究模式。屠呦呦介绍,未来青蒿素的抗疟机理将是她和科研团队的攻关重点。

"在对青蒿素抗疟机理研究方面,我们目前正在深入探讨'多靶点学说',并已取得一定研究进展。"中国中医科学院研究员、青蒿素研究中心学术委员会副主任廖福龙说:"青蒿中除青蒿素以外的某些成分虽然没有抗疟作用,但却能促进青蒿素的抗疟效果。"不仅如此,科研人员在对双氢青蒿素的深入研究中,发现了该物质针对红斑狼疮的独特效果。屠呦呦介绍,根据现有临床探索,青蒿素对盘状红斑狼疮和系统性红斑狼疮有明显疗效。

世卫组织发布的《2018年世界疟疾报告》显示,全球疟疾防治进展陷入停滞。多项研究表明,在大湄公河次区域等地区,出现不同程度的对青蒿素联合疗法的抗药现象。

2019年4月25日,第十二个世界疟疾日,中国中医科学院青蒿素研究中心和中药研究所的科学家们在国际权威期刊《新英格兰医学杂志(NEJM)》提出了"青蒿素抗药性"的合理应对方案。屠呦呦团队提出,面对"青蒿素抗药性"现象,延长用药时间,疟疾患者还是能够被治愈的。除此之外,现有的"青蒿素抗药性"现象在不少情况下其实是青蒿素联合疗法中的辅助药物发生了抗药性。针对这种情况,更换联用疗法中的辅助药物,就会取得更好的效果。

屠呦呦说,青蒿素价格低廉,每个疗程仅需几美元,适用于疫区集中的非洲广大贫困地区人群。因此研发廉价青蒿素联合疗法对实现全球消灭疟疾的目标意义非凡。

"中国医药学是一个伟大宝库,青蒿素正是从这一宝库中发掘出来的。未来我们要把青蒿素研发做透,把论文变成药,让药治得了病,让青蒿素更好地造福人类。"屠呦呦说。

(资料来源:根据《人民日报》,2019年10月5日有关资料整理)

【知识链接】

## 劳动增智的五大目标

1. 观察力

观察力是指大脑对事物的观察能力,如通过观察发现新奇的事物等,在观察过程对声音、气味、温度等有一个新的认识,并通过对现象的观察,提高对事物本质认识的能力。我们可以在学习训练中增加一些训练内容,如观察和想象项目,通过训练来提高学员的观察力和想象力。

2. 注意力

注意力是指人的心理活动指向和集中于某种事物的能力。如有的学生能全神贯注地长时间地看书和研究课题等,这就是注意力强的体现。

3. 记忆力

记忆力是识记、保持、再认识和重现客观事物所反映的内容和经验的能力。例如,我们年老时也会记得父母年轻时的形象,少年时家庭的环境等一些场景,这就是人的记忆在起作用。

4. 思维力

思维力是人脑对客观事物间接的、概括的反映能力。当人们在学会观察事物之后,他逐渐会把各种不同的物品、事件、经验分类归纳,不同的类型他都能通过思维进行概括。思维力是智力的核心。

5. 想象力

想象力是人在已有形象的基础上，在头脑中创造出新形象的能力。如当你说起汽车，我马上就想象出各种各样的汽车形象来。因此，想象一般是在掌握一定的知识面的基础上完成的。

## 第三节  劳动强体

苏霍姆林斯基认为，每一个人都离不开劳动，劳动有助于增强体质，让人拥有健康的体魄。劳动能改善睡眠，使人身强体壮。相对于健身，从事体力劳动讲究更多的是全身肌肉和力量调动，讲究整体，技巧性更强。在劳动中，只要掌握好疲劳程度，不松懈的劳动锻炼都是有益于健康的。

很多学生沉迷于计算机和手机游戏，长期保持同一畸形姿势，导致骨骼关节变形，视力下降。而劳动能使他们抬头远望，舒展身姿，有利于身体生长发育。劳动不仅能给肉体带来健康，同时还能给心灵带来充实与宁静。

需要注意的是，并不是所有劳动一开始都能给人带来强体的效果。如果当所选的劳动强度超出了自身负荷时，那么将会给身体机能造成严重的危害。所以，在选择所要进行的劳动项目时，一定要根据自身实际情况，做到真正的循序渐进、以劳强体。

【知识链接】

这些家务劳动（表 4-1），你知道它们锻炼了身体的哪些部位吗？

表 4-1  家务劳动与锻炼部位的对应关系

| 家务劳动 | 锻炼部位 |
| --- | --- |
| 扫地 | 胸部、背部、手臂 |
| 清洁马桶 | 背部、手臂 |
| 擦洗浴缸 | 背部、手臂 |
| 烹饪 | 上半身 |
| 拖地 | 肩膀 |
| 洗衣 | 上半身、胸部 |
| 洗碗 | 前臂、肱二头肌、胸部 |

## 第四节　劳动育美

在实践中，我们也能感受到遵循客观规律创造美的过程。比如，农民为了让水田的水更均匀地浇灌每棵秧苗，要用耙耧把水田的地面整理平展，这项生产技术叫"做水平"，它同时也造就了"绿满山原白满川"的田园景观。园林工人栽培树木时，都会把树的株距、行距排列均匀有序，为的是确保每一棵树都能均衡地享受阳光、空气等自然养分，树木也只有拼命笔直上长，才能享受到最优的生长环境。这是栽培树木的客观规律，也是树林充满几何图形般整齐和音乐律动感的原因。这些都让我们感受着"劳动创造美"的审美愉悦。人通过劳动实践能体察客观事物发展变化的美的规律。离开劳动实践，缺少应有的感性认识和训练，就会缺乏对这种规律和美感的认识。

  实践活动

"勤者自助，达者自强"主题演讲

贫困并不能打倒我们，真正能打倒我们的是我们面对贫困的态度。正所谓"勤者自助达者自强"，以开阔的心胸面对贫困，敢于吃苦，敢于流泪流汗，敢于接受挑战，我们才能跳出命运的旋涡，成就更好的自我。

请以"勤者自助，达者自强"为主题，组织一场演讲比赛

【过程记录】

演讲思路：

写作要点：

演讲准备要点及完成情况：

心得体会：

【结果评价】

教师可参考表4-2对学生的演讲进行评价。

表 4-2 "勤者自助，达者自强"演讲评价表

| 评价标准 | 评价细则 | 分值 | 分数小计 | 教师评价 |
| --- | --- | --- | --- | --- |
| 演讲内容 | 内容契合主题，见解独到 | 20分 | | |
| | 材料真实、典型、新颖 | 10分 | | |
| | 讲稿层次分明，构思巧妙 | 10分 | | |
| 语言表达 | 吐字清晰，声音洪亮 | 10分 | | |
| | 语速适当，表达有节奏感 | 15分 | | |
| 形象风度 | 举止自然得体，精神饱满 | 10分 | | |
| | 适当运用手势、表情等辅助表达 | 10分 | | |
| 综合表现 | 演讲效果好，富有较强的感染力 | 15分 | | |

# 第五章　弘扬劳动精神　奏响青春乐章

## 学习导读

有人曾提出疑问，智能化时代加速到来，还有必要提倡劳动教育吗？其实，劳动教育不仅意味着劳动技能的提升，更意味着劳动精神的培育。从农耕社会"耕读传家久"的传统到现代社会"劳动创造幸福"的箴言，时代在变，劳动的形式在变，但劳动的精神内核始终未变。路遥在《平凡的世界》一书中说，劳动是人生的第一堂课。只有劳动，才能使人在生活中强大。今天，大力提倡劳动教育，就是要让青少年在动手实践、出力流汗中播撒崇尚劳动的种子，在接受锻炼、磨炼意志中培养艰苦奋斗的精神，真正理解人间万事出艰辛。

## 第一节 劳动精神的内涵

### 一、劳动精神的内涵

劳动精神是全体劳动者共同的精神财富。劳动精神是对广大劳动者劳动实践的高度肯定与科学总结,是人类为了自身的幸福而不懈努力奋斗的实践结晶。人民创造历史,劳动开创未来,劳动是推动人类社会进步的根本力量。"劳动创造了人本身""劳动是唯一价值源泉""劳动创造财富,劳动使人幸福"等积淀成为劳动者的精神力量。正是一代代劳动者的共同努力,创造了辉煌的人类历史,书写了地球家园的绚烂篇章。

劳动精神是每位劳动者为创造美好生活而在劳动过程中秉持的劳动态度、劳动理念及其展现出的劳动精神风貌。

劳动创造了中华民族,造就了中华民族的辉煌历史,也必将创造出中华民族的光明未来。"一勤天下无难事",必须牢固树立劳动最光荣、劳动最崇高、劳动最伟大、劳动最美丽的观念,让全体人民进一步焕发劳动热情、释放创造潜能,通过劳动创造更加美好的生活。全社会都要贯彻尊重劳动、尊重知识、尊重人才、尊重创造的重大方针,维护和发展劳动者的利益,保障劳动者的权利。要坚持社会公平正义,排除阻碍劳动者参与发展、分享发展成果的障碍,努力让劳动者实现全面劳动、全面发展。全社会都要热爱劳动,以辛勤劳动为荣,以好逸恶劳为耻。

劳动精神在理念认知上表现为全社会尊重劳动、崇尚劳动、热爱劳动,在行为实践上表现为劳动者辛勤劳动、诚实劳动、创造性劳动。两者构成劳动精神内涵的整体。

尊重劳动是指对劳动的认识,把劳动作为人类的本质活动,作为创造财富和获得幸福的源泉,尊重一切有益于人民、造福于社会的劳动者及其劳动价值;崇尚劳动是指对劳动的态度,认为劳动价值有大小,劳动分工无贵贱,劳动最光荣、劳动最崇高、劳动最伟大、劳动最美丽;热爱劳动是指对劳动的情感,焕发劳动热情,积极投身劳动,珍惜劳动成果,把劳动与实现自身价值紧密结合起来。尊重劳动、崇尚劳动、热爱劳动这三个层面涉及对劳动的理性认知、感性把握和内在情感,体现为对劳动的社会认识到个人的品行追求这样一个由表及里、逐步内化的过程。

辛勤劳动是指勤奋敬业、埋头苦干,是劳动者应有的基本要求,是诚实劳动、创造性劳动的基础和保障;诚实劳动是指脚踏实地、恪尽职守,遵守法律法规和政策,遵循职业道德规范和工作标准,实事求是地认识与对待劳动过程和劳动成果,是辛勤劳动的升华，也是创造性劳动的前提；创造性劳动是指敢闯敢试、开拓创新，体现了体力劳动和脑力劳动、简单劳动和复杂劳动的结合，是辛勤劳动、诚实劳动的发展。

## 二、我国劳动精神的形成与发展

在漫长的历史进程中，中华民族不仅创造出光辉灿烂、享誉世界的中华文明，也塑造出独特的劳动精神品格，形成了崇尚劳动、吃苦耐劳的优秀传统。这一传统贯穿中华民族的奋斗历程，推动着中华民族的一路向前、发展壮大，是中华民族重要的精神标识。劳动创造了中华民族，造就了中华民族的辉煌历史，也必将创造出中华民族的光明未来。

伟大的时代需要伟大的精神，伟大的精神来自伟大的人民，劳动精神是关于劳动的理念认知和行为实践的集中体现。劳动是推动人类社会进步的根本力量，中华民族历来就有勤劳勇敢、自强不息的优良传统，在悠久的文明中孕育出辛勤劳动、诚实劳动、创造性劳动的理念和劳动最光荣、劳动最崇高、劳动最伟大、劳动最美丽的价值观。

### （一）勤劳是中华民族的精神倡导

人类劳动发展可分为奴役劳动、谋生劳动、体面劳动、自由劳动四个阶段。中华民族对社会劳动的热爱和推崇，在中国古代典籍及艺术作品中留下鲜明印记。《大戴礼·武王践阼·履屦铭》中写道："慎之劳，则富。"强调的是财富和劳动的关系，即勤劳才能创造财富。《史记》记载，周武王每年都会举行隆重的"亲耕"仪式，皇帝亲耕作为我国封建社会的一项重要制度起到劝民农桑的作用。中国传统文化对劳动的肯定和赞美作为一项重要内容，《尚书·周官》中写道："功崇惟志，业广惟勤。"《左传·宣公十二年》中写道："民生在勤，勤则不匮，是勤可以免饥寒也。"意思是人们的生计在于勤劳，勤劳就不会缺乏衣服与食物，勤劳能够让人避免饥饿与寒冷。荀子在《天论》中所说："强本而节用，则天不能贫。"表达了对勤劳耕作和勤俭节约的认同。

中华民族重视劳动的传统。在先贤思想中得到系统的阐释。墨家主张"兼爱、非攻、尚贤"，它是以劳动为本位的积极性劳动理论，也是劳动和知识的有机结合。《墨子·非乐上》说："民有三患：饥者不得食，寒者不得衣，劳者不得息，三者民之巨患也。"《墨子·非命下》说："必使饥者得食，寒者得衣，劳者得息。"这是中国社会福利、劳动保障思想的萌芽。墨家思想兼容并蓄，形成了中国先进文化的必要成分，是民族振兴、国家进步的精神力量。清仁宗在《味书室全集》中写道："农夫不勤则无食；桑妇不勤则无衣；士大夫不勤则无以保家。"意思是农民不勤劳就没有吃的，采桑养蚕的妇女不勤劳就没有衣服穿，士大夫不勤劳就无法为国家做贡献。法、儒两家主张繁衍人口，认为劳动力是发展生产的根本保证，孟子曾提出"民为贵，社稷次之，君为轻"的重民思想，经过长期的文化大融合，儒、释、道、墨、法等多家思想互相渗透、互相影响，"勤于劳动"被看作"修齐治平"的根本性的道德品质，深深滋养着一代代中华儿女的精神心田。

### （二）古代劳动人民的辛勤劳动创造了生活本身和精神意境

古代劳动人民通过辛勤的劳动实践，留下了劳动美好的精神向往和价值追求。魏晋时期诗人陶渊明所作《归园田居·其三》中写道："种豆南山下，草盛豆苗稀……衣沾不足惜，但使愿无违。"这首诗展现出我国古代人民早起劳作，傍晚收工，期待有好收成的场景，展现出劳动人民辛勤劳动的形象。唐代诗人李绅在《悯农》中写道："锄禾日当午，汗滴禾下土。谁知盘中餐，粒粒皆辛苦？"融洽地将珍惜食物与辛勤劳动结合起来，一直是中国人的勤俭节约的美德。唐代诗人王维写道："屋上春鸠鸣，村边杏花白。持斧伐远扬，荷锄觇泉脉……"这首《春中田园作》的前四句展现出了古代人民愉快劳动的情景和勇于探索的精神。劳动不仅可以磨炼人的意志，劳动的协作性还可以培养人的互助和团结精神。自强不息是古代劳动人民战胜困难的智慧之源，古代物质资源匮乏、自然条件恶劣，勤劳的中华儿女自强不息，积极探索。到了宋明时期，科技、手工业都变得十分发达。宋朝时发明了天文仪等多种精密仪器，明朝时期郑和七次下西洋代表了那个时代科技、造船业居世界先进水平。古代劳动人民智慧的结晶反映在各个领域：栩栩如生的兵马俑、巍峨的长城、巧夺天工的都江堰、贯通南北的大运河；素纱禅衣、榫卯结构、记里鼓车等，无一不是凝聚劳动者勤劳智慧的伟大成果，尽责、乐业、精益求精的工匠精神使这些遗宝成为历史的烙印。

### （三）中国共产党是中华民族劳动精神的忠实继承者和坚定弘扬者

中华人民共和国成立以来，在中国共产党的带领下，伟大的劳动精神迸发出巨大力量，千千万万的劳动者怀着建设新中国的无比热情，投入无限的劳动中，各行各业涌现了大量的优秀劳动者和建设者，在特殊时期，发扬了劳动者伟大的梦想精神、伟大的团结精神、伟大的奋斗精神和伟大的创造精神，进一步形成和丰富了劳动精神的内涵，如大庆精神、雷锋精神、大寨精神、两弹一星精神等。只要有志气，有闯劲，普通劳动者都可以在宽广的舞台上实现自己的人生价值。许多劳动模范平凡而感人的事迹，就充分地说明了这一点。"蓝领专家"孔祥瑞、"金牌工人"窦铁成、"新时期铁人"王启明、"新时代雷锋"徐虎、"知识工人"邓建军、"马班邮路上的信使"王顺友、"白衣圣人"吴登云、"中国航空发动机之父"吴大观等一大批劳动模范和先进工作者，带动人们锐意进取、积极投身改革开放和社会主义现代化建设，为国家和人民建立了杰出功勋。

大量劳动者形成的伟大劳动精神，是我们极为宝贵的精神财富。

## 实践活动

21世纪，人工智能的迅速发展正在改变着人类社会生活、改变着世界。人工智能的概念最初诞生于1956年"达特茅斯会议"，经过半个多世纪的发展，人工智能这个词在我们生活中出现的频率越来越高，从产业界、学术界一直燃烧到媒体和普通大众层面。为抢抓人工智能发展的重大战略机遇，我国于2017年正式提出《新一代人工智能发展规划》，将发展人工智能上升到国家战略高度。

当人工智能正在重塑各行各业的形态时，当我们从体力劳动以及一些常规性的脑力劳动中解放出来之后，我们还有必要提倡劳动教育吗？

_____
_____
_____
_____
_____
_____
_____
_____
_____

## 第二节　劳动精神的表现

马克思主义劳动观认为，劳动是人的根本属性，劳动创造了人这个概念。人在劳动的过程中生产满足人类物质需求和精神需求的产品，极大地丰富了人类的物质生活和精神生活，改造了人的主观世界，使劳动现实化。在劳动价值论的指引下，通过中国特色社会主义的具体实践探索，最终构成了具有中国特色的社会主义劳动精神。它进一步引领人民群众在中国特色社会主义道路的建设过程中竭力前进，开始了新时代中国特色社会主义道路的探索。

改革开放以来，党带领人民在继承和弘扬伟大劳动精神的基础上，赋予劳动精神以新的时代内涵。改革开放进程中涌现的一系列时代楷模和榜样群体，在平凡的岗位上做出不平凡的事迹，都生动地展示着新时代的劳动精神。他们用爱心和善行，用坚守和执着，在危急时刻做出英雄壮举，在生死关头展现人间大爱，彰显出当代中国劳动者的风采。他们爱岗敬业、淡泊名利、甘于奉献的劳动品格，他们求真务实、积极探索、勇于创造的劳动精神，他们自强不息、艰苦奋斗、顽强拼搏的劳动态度，都是中国人民在改革开放的伟大实践中展现出来的崭新精神风貌和高尚精神品格，是建设新时代中国特色社会主义、实现中国梦的强大精神动力。

### 一、勇于创新、敢于创业的劳动精神

时代在发展，在全球化竞争中，我们作为劳动者，除吃苦耐劳外，更需要勇于创新，敢于创业，在科技、军事及服务社会方面永立潮头，做强国富民的青年劳动者。在纪念五四运动100周年的大会上，习近平总书记褒奖的青年英杰，他们之中有展示中国硬核实力的北斗团队，有航天报国的嫦娥团队、神舟团队。他们在创新报国的道路上一路飞奔、创新，谱写出时代劳动者的最美青春！改革开放40多年，中国涌现出一批又一批优秀的企业家。他们释放才能、发挥创造力，成为社会财富的创造者、创新活动的实践者，在市场经济中发挥了重要的作用，这早已成为人们的共识。而今天在经济发展新常态的时代背景下，转变经济结构、振兴实体经济，我们需要富有企业家精神的创新创业者。

### 二、爱岗敬业、甘于奉献的劳动精神

爱岗敬业是社会主义核心价值观的重要内容，奉献是社会主义道德的鲜明特征。作为新时代劳动者，首先要做到的就是立足于自身的岗位，服务他人，服务社会。在2020年的疫情中，广大卫生健康工作者勇于担当，毅然逆行，深入疫情防控一线救治患者，奋力遏制疫情蔓延，守护人民群众生命安全和身体健康。他们是最美逆行者，也是最美劳动者。其中既有国士无双的钟南山、李兰娟院士不顾高龄深入病房一线，也有渐冻症院长张定宇的瘸腿坚守。另外，还有快递小哥、医疗垃圾处理工等无数劳动者默默坚守岗位。这些可爱的劳动者身上体现了中国劳动者的奉献精神和担当精神。

### 三、艰苦奋斗、勇于创新的劳动精神

革命战争年代，革命先辈爬雪山、过草地的"长征精神"，开垦陕北好江南的"南泥湾精神"；新中国建设初期的第一代劳动者，宁可少活20年，也要拿下大油田的"大庆精神"，战天斗地改造自然的"红旗渠精神"；新中国一穷二白的情况下，大批海外学子心怀殷殷报国心，以钱学森、华罗庚、朱光亚等为代表的海外专家学者破除一切艰难险阻，怀抱对祖国的浓浓感情，纷纷归国效力，为新中国科技事业发展做出了突出贡献。到1957年，归国的海外学者已经达到3 000多人，约占中华人民共和国成立前全部海外留学生和学者的一半以上。他们中大多数人成为新中国各个领域科学技术发展的奠基人或开拓者，在那个激情燃烧的年代，带领着全国科研人员在极为困难的条件下自力更生、艰苦奋斗，创造了一系列举世瞩目的科技奇迹，更给后人留下了

宝贵的精神财富。

### 四、铁人精神

"铁人"是 20 世纪五六十年代社会送给石油工人王进喜的雅号，而铁人精神是王进喜崇高思想、优秀品德的高度概括，也集中体现出我国石油工人的精神风貌。铁人精神内涵丰富，主要包括："为国分忧、为民族争气"的爱国主义精神；"宁可少活 20 年，拼命也要拿下大油田"的忘我拼搏精神；"有条件要上，没有条件创造条件也要上"的艰苦奋斗精神；"干工作要经得起子孙万代检查""为革命练一身硬功夫、真本事"的科学求实精神；"甘愿为党和人民当一辈子老黄牛"，埋头苦干的奉献精神等。铁人精神无论在过去、现在和将来都有着不朽的价值和永恒的生命力。

 经典案例

#### "铁人"王进喜

1960 年 5 月 1 日，王进喜在指挥工作时，一根上百斤的钻杆突然掉了下来，正好砸到了王进喜的大腿。当工人们赶过来时，王进喜已经陷入昏迷中。但是不一会儿，王进喜醒了。他看见工人为了救他，竟然放下了手头的工作。王进喜怒吼道："我又不是泥捏的！"说完，他立马指挥大家干活，而王进喜的大腿正流着鲜血。工人们知道不干完活，王进喜是肯定不会去医院治疗的，他们只好加快速度。

活忙完后，王进喜被送到医院，经过简单的包扎后，他立马拄着拐杖回到了工作岗位，因为他心中正想着一件急事——一个新的井位正处于高压区，十分危险，很容易发生井喷。

王进喜担心的事情最后还是发生了，当钻机打到高压层后，井喷发生了。如果不堵住缺口，后果不堪设想。在这千钧一发之际，王进喜突然跳进了泥浆里。他奋力地晃动自己的身体，用自己的身体把泥浆池底的水泥搅上来，经全队工人奋战，最后井喷被"制伏"。

60 年过去了，大庆油田产量突破 50 亿吨，按照 5 000 元一吨的标准，大庆油田创造的经济价值已经达到了 25 万亿元人民币，而作为大庆油田的开创者，王进喜创造的经济效益起码在百亿元以上。

## 第三节 弘扬劳动精神

弘扬劳动精神就是要弘扬勤劳勇敢、爱岗敬业、诚实守信的实干精神。全面建成小康社会，我国亿万劳动群众是主体力量。广大劳动群众要爱岗敬业、勤奋工作，锐意进取、勇于创造，不断谱写新时代的劳动者之歌。勤劳勇敢是指有毅力、有勇气、有胆量的劳动。爱岗敬业是指尊重劳动、崇尚劳动、热爱劳动，做到辛勤劳动、勤奋工作。诚实守信是指脚踏实地、恪尽职守，遵守法律法规和政策，遵循职业道德和标准。勤劳勇敢、爱岗敬业、诚实守信的实干精神是劳动精神的内涵。全体劳动者都要牢记"大道至简，实干为要"的道理，脚踏实地、撸起袖子加油干，在劳动中实现自身价值。

 **榜样力量**

### 实干兴邦，青年担当

2018年5月17日，中国首枚民营自主研发的商用亚轨道火箭"重庆两江之星"腾空而起，火箭在306秒时间里飞行了273千米，然后落入预定区域，实现了长时间的临近空间有控飞行，获取了大量的真实飞行环境数据。

路透社评论称，这是中国太空探索计划最新的里程碑。这意味着又有一群中国年轻人加入了"天空俱乐部"，在蓝天上写下自己的名字，在商业航天领域里追逐梦想。

完成这一创举的是一个平均年龄仅32岁的团队。他们的领头人舒畅当时仅33岁。

当创新创业的浪潮在中华大地风起云涌时，一大批青年踏着时代的节拍走上了实干报国的道路，诠释青春和奋斗的意义。

对于舒畅来说，踏上创业之路，一靠专业，二靠激情。他大学本科就读于北京航空航天大学航空科学与工程学院飞行器设计专业，其间他产生了未来要创建一家航天技术公司的想法。

2015年，政府开始就商业航天立法广泛征求意见，中国商业航天的政策窗口逐步开启。"我得勇敢地去闯这条路，做先行者。"舒畅从广袤的天空发现巨大商机时，嗅出了梦想的味道。

就在这一年，他创立了中国第一家营业执照上写着"运载火箭及其他航天器"的民营企业——零壹空间，致力于小型商业运载火箭、亚轨道飞行试验平台、各类型核心单机产品的研制及技术转化。

一开始，舒畅就试图为创业植入"与别人不同"的基因，"全世界都没有我们X系列这样的产品，专门为航天高新技术研究提供飞行试验服务，这样的细分领域，我们算是第一个"。

他一步步迈向自己的梦想：2018年，成功地将两枚亚轨道火箭送入苍穹；2019年，发射了首枚运载火箭，并持续技术转化，开拓了宇航和国防军工两大业务领域；

2020年，发射2~3次火箭。

"我们将深耕核心火箭技术，坚持自主研发，将运载火箭'打成'。同时，我们要努力实现火箭技术转化，以客户为中心，持续研发投入，弘扬科学精神和工匠精神，永葆技术创新的活力，更好地为国防军工服务。"他说。

看上去，温文尔雅的舒畅更像一名学者，而不是一名企业家。在他的追梦故事背后，新时代的中国青年企业家所共有的品质清晰可见：爱国、博学、专注、理性、坚忍……这群在商海遨游的年轻人坚持把个人的青春奋斗融入时代主题，做走在时代前列的奋进者、开拓者、奉献者，砥砺奋进、开拓创新，担当起促进改革、引领转型、实现高质量发展的时代重任。

弘扬劳动精神，就是要弘扬锐意进取、建功立业、甘于奉献的奋斗精神。锐意进取、建功立业、甘于奉献的奋斗精神是劳动精神的更高体现。每个劳动者都应牢记"幸福是奋斗出来的"，生命不息、奋斗不止，在劳动中实现美好的未来。

弘扬劳动精神，就是要弘扬精益求精、严谨专注、追求卓越的创新精神。精益求精是指以高品质的要求对自己的产品不惜花时间和精力精雕细琢、注重细节，把一件事情做到极致。严谨专注是指耐住寂寞、经住诱惑，不达目的绝不放弃。追求卓越是指为了质量而孜孜不倦、乐此不疲。精准求精、严谨专注、追求卓越的创新精神是劳动精神的专业要求。新时代劳动者要勇于创新、追求品质，为推动"质量强国"提供源源不竭的动力。

生在新时代，只有大力弘扬和践行劳动精神，树立正确的劳动价值观，才能进一步激发劳动者的劳动热情，用劳动托起中华民族伟大复兴的中国梦。

**测测你有没有吃苦耐劳的能力**

1. 因为特殊情况，你熬了一个通宵，第二天你会逢人便说"太困了，昨晚一宿没合眼"。（是否）

2. 晚上回家很累了，你会像平常一样去冲凉，而不是倒头便睡。（是否）

3. 如果没有洗衣机，你就不愿意洗衣服。（是否）

4. 天气很热了，你宁愿走十分钟去坐地铁，也不打车。（假如你的经济条件允许的话）。（是否）

5. 和你的同学相比，你认为自己是一个经受过锻炼的人。（是否）

6. 你们小组劳动时，你通常都是最卖力气的人。（是否）

7. 和父母在一起时，你总是替他们拎东西。（是否）

8. 你在自己家里吃饭从不刷碗。(是否)

说明：第1、3、8题选择"是"得0分，选择"否"得2分。其余题目相反。

0~4分：你应该多多锻炼了。

4~10分：你的吃苦耐劳能力一般，你应该增强自己的吃苦意识。

10~14分：你是一个吃苦耐劳的人。

# 第六章　秉承劳模精神展现青年风采

**学习导读**

　　劳动精神丰富了民族精神和时代精神，是我们极为宝贵的精神财富。由此可见，劳动精神对劳动实践活动有着重要的激励作用，只有以积极、昂扬、向上的精神状态投入劳动实践活动，劳动实践活动才富有朝气、活力和创造力。

知识讲解

## 第一节 劳模精神的当代价值

劳模精神是基于劳动模范对自己所从事的职业的敬重与热爱,渗透在他们的工作态度与职业道德中的一种优秀精神品质。

### 一、劳模精神是培育时代新人的重要手段

党的十九大报告中提出:"青年兴则国家兴,青年强则国家强。青年一代有理想、有本领、有担当,国家就有前途,民族就有希望。"这启示着青年一代要做有理想信念、有过硬本领和有责任担当的时代新人。从马克思主义的理论出发,劳动是人的本质,是人类生产和生活的最基本条件,因此劳动才是创造时代新人的根本力量。劳模精神作为社会主义国家对于劳动作用的高度彰显,在培育时代新人方面有着不同寻常的价值,它能培养学生热爱劳动的情怀、劳动光荣的信念和劳动实干的担当,是培育时代新人的重要手段。

#### (一)弘扬劳模精神有助于培养青年学生的担当精神

中国特色社会主义进入新时代,青年必须敢于担当、勇于担当。现在我国正处于实现伟大复兴目标的重要历史时期,青年学生是实现这一目标的生力军,他们的责任意识和担当精神直接影响这一目标的到来与实现。在青年学生中弘扬劳模精神,就是要教育他们向劳动模范学习,学习他们爱岗敬业、艰苦奋斗、淡泊名利、甘于奉献的精神,学习他们将自己的人生价值置于国家发展的伟大宏图中的爱国主义精神,培养他们的劳动实干精神,让他们在自己的辛勤劳动中担起时代赋予的重任。

#### (二)劳模精神有助于培养青年学生热爱劳动的深厚情怀

青年学生是国家与民族发展的希望,他们的劳动情怀不仅决定自身发展的前途,而且影响我国实现"两个一百年"奋斗目标和社会主义现代化的进程。

#### (三)劳模精神有助于培养青年学生劳动光荣的坚定信念

培养青年学生劳动光荣的信念,就是要培养青年学生树立正确的劳动观,在对劳动的正确认识中增强自己的本领,实现人生的价值。劳动模范和劳模精神是在"劳动创造了人本身""物质生活的生产方式制约着整个社会生活、政治生活和精神生活的过程"等马克思主义劳动观的指导下,形成的充分肯定劳动在社会建设和发展中的根本作用的成果。弘扬劳模精神有助于消除青年学生心中劳动低下的错误思想,生成并传

播劳动至上、劳动光荣、创造伟大、劳动者平等的积极劳动观,让青年学生在辛勤劳动中放飞和实现自己的梦想。

### 二、劳模精神为实现民族复兴中国梦提供不竭的精神动力

劳模精神是辛勤劳动、诚实劳动和创造性劳动的集中展现,是充实和展示国家文化软实力的重要内容,是激励共产党人不忘初心的生动素材,是坚定中国特色社会主义"四个自信"的重要动力,能为实现中国梦提供强大的综合国力,塑造坚强的领导核心,注入不竭的精神动力,是实现中国梦的重要力量。

#### (一)劳模精神是激励中国共产党人不忘初心的生动素材

党的十九大报告指出,"中国共产党人的初心和使命,就是为中国人民谋幸福,为中华民族谋复兴"。劳模精神贯穿于中国共产党带领人民寻求独立与复兴的历史进程中,与中国共产党人的其他革命精神交织在一起,是激励中国共产党人不忘初心的生动素材。

一方面,梦想的实现必须要有精神的支撑。中国共产党人之所以能带领人民战胜种种困难,前仆后继、不屈不挠地解决各种难题,就是因为他们是中国人,五千年绵延不断的中国精神是激励他们为了中华民族奋勇前进的强大精神动力。劳模精神作为中国精神的重要组成部分,同样是激励共产党人为了民族复兴而艰苦奋斗的强大精神力量。

另一方面,劳模精神的弘扬能发扬中国共产党人勤奋劳动、自力更生的优良传统,营造风清气正的良好政治生态。中国共产党历经艰辛能化险为夷,靠的正是辛勤劳动,所以劳动是中国共产党发展壮大的法宝之一,对于中国共产党人有着重要的意义。在新时代,弘扬劳模精神就是提倡通过劳动来锤炼作风,发扬党的优良作风,确保党的健康发展,为实现中国梦塑造坚强的领导核心。

#### (二)劳模精神是充实和展示国家文化软实力的重要内容

劳模精神作为时代精神的凝结和中华民族精神的高度升华,具有永恒的文化价值,劳模精神就是一种国家文化软实力。继承与弘扬劳模精神是当前充实和提高我国文化软实力的一个重要途径。

弘扬劳模精神有助于增强我们民族的自尊心、自信心和自豪感。劳模把国家和人民的利益放在首位,他们勇于承担历史使命的主人翁意识和责任感,为国争光和为民族争气的强烈的爱国主义情怀,正是民族自尊心、自信心和自豪感的集中体现。当下,我国正处在实现伟大复兴的新征程中,我们更要弘扬劳模精神,自强不息、奋发有为、艰苦创业的爱国精神,保持并增强民族自尊心、自信心和自豪感,从而在激烈的国际竞争中立于不败之地。

弘扬劳模精神有助于在全社会大力弘扬"以人为本"的人文精神。劳模精神积极

发挥劳动群众的主动性，尊重劳动人民的主体地位，将人民群众作为我国发展最坚实的后盾，把人民利益放在首位，关注人民的价值，促进人民全面发展，努力实现人民体面地劳动。这种以人为本、实现人的全面发展的理念就是一种文化凝聚力和精神向心力。继承与弘扬劳模精神中的这种人文精神，就能带动文化软实力中最核心的要素，为增强文化软实力增添内生活力。

### （三）劳模精神是坚定中国特色社会主义"四个自信"的重要精神源泉

劳模精神是中国共产党在革命、建设与改革的历史进程中，将优秀的民族精神和伟大的劳动实践相结合而孕育出的重要精神成果。它一边承载着孕育出伟大民族精神的优秀传统文化，一边承载着社会主义劳动者的价值属性和时代特征，具有鲜明的社会主义属性，将为新时代坚定中国特色社会主义"四个自信"提供重要的精神动力。

劳模精神是在中国共产党总结经验、探索道路的过程中形成的重要精神，因此，"它所表现出来的理论本源、价值导向、理想追求和实践基础，是我们坚持走中国特色社会主义道路的题中之意和内在表达"。我国坚持弘扬劳模精神就是对马克思主义劳动理论中国化的科学验证，是继续发扬和贯彻马克思主义理论信念的价值基础，是对中国特色社会主义理论体系的高度自信。劳模精神展示的是我国人民的劳动风范，与中国特色社会主义制度具有共同主体，新时代弘扬劳模精神就是对我国劳动人民的歌颂，就是对中国特色社会主义制度的坚定。劳模精神是在建设中国特色社会主义的伟大实践中形成的一种文化现象，具有深厚的文化基础，能为坚定文化自信注入强大的精神力量。

## 三、劳模精神为社会主义建设创造巨大的经济价值

劳模精神的经济价值主要体现在两个方面：一是劳模精神激励下创造的直接经济利益，二是劳模品牌创造的文化资本。

不同时代的劳模都以不同形式在不同的岗位上创造经济价值，他们或者创造新的工艺技术，或者创造更多的单位时间价值，在特定范围内代表先进生产力水平，劳动模范成为技术创新的带头人。

此外，精神的力量是无穷的。在市场经济条件下，劳动模范已成为企业最宝贵的无形资产之一，成为企业发展的重要文化资本。他们的凝聚力、影响力和号召力都对企业的发展产生了积极的影响，产生了巨大的品牌效应。1998年，周宁芝被评为全国劳模，并以个人名字命名了服装品牌，推出了周宁芝内衣专柜。知名劳模夏慧星是位"的哥"，注册了出租车服务品牌，为企业带来巨大的品牌效应。

中国社会主义建设的辉煌成就离不开亿万中国劳动者的艰苦奋斗和无私奉献，离不开广大劳动模范的创新、奋斗和追求卓越，他们体现了劳动模范的伟大精神，正是这些伟大精神引领和推动了中国经济的发展与繁荣。

第六章 秉承劳模精神展现青年风采

**经典案例**

带领全村人一起致富

张明富出生于遵义山区一户贫困家庭。17岁那年，母亲身患重病，家里一贫如洗，欠下巨额债务。1980年，18岁的张明富辍学回家，南下广东打工。1991年，怀着对家乡的思念与带领亲友们致富的决心，张明富揣着打工攒下的6万元钱回乡创业。他找到亲戚们，鼓动大家筹钱办厂。"一个'农二哥'开啥厂哟！有几个钱存在银行吃利息不好？"老乡们风凉话不少。张明富决定自己干，他在遵义市火车站租了个门面，搞副食品和化妆品批发生意，慢慢攒本钱。

1998年，积攒了近300万元资金的张明富又有了最初的梦想。"一人富不算富，要带大家谋出路。"积累了一定经验的他选择回村办化妆品厂。租厂房、买设备，贵州梦丽雅化妆品厂开工了。没几年，"梦润"洗护产品逐渐走入农村千家万户，到2003年，仅厂里的运货车就有40多辆。生意顺风顺水，张明富却一直在谋划怎么带动更多乡亲们一起致富。2004年，团泽镇鹌鹑养殖产业因经营管理不善，养殖户大多亏得血本无归。

"老张，你是村里的能人，得带着大家渡过难关啊。"一位村民说。张明富二话不说接过了重担。"不仅干，还得干好。"张明富接手后加大投资，建饲料厂，搞产品深加工。

眼看着产业链逐步完善，可一场禽流感使产品滞销，产业遭受当头一棒。怎么办？老乡们经不起"二次伤害"。张明富决定：一方面，先用公司资金将农户卖不出去的鹌鹑蛋全部回收，将存放时间过长的全部销毁；另一方面，发动企业所有员工找销售出路，拓展市场。难关终于扛过，销售逐渐好转。随后，张明富投资在村里建起一万平方米的鹌鹑标准化养殖示范场、年加工2 000吨鹌鹑肉蛋的现代化深加工生产线等，带动大坎村及周围上万农户养殖鹌鹑、种植鹌鹑专用饲料作物……张明富成了返乡创业成功的典范，但他心里想的却是如何带领更多农民工返乡创业。在他的带动与激励下，原先认为在农村没有发展前景的年轻人纷纷选择回乡创业就业。

遵义市汇川区团泽镇返乡创业农民工张明富带领村民致富的精神受到有关部门的高度赞扬。张明富致信国务院总理，提出重视和鼓励农民工返乡创业的意见得到温家宝、李克强两任总理的高度重视，两位总理的批示引导了中央出台重视农民工创业的政策，团泽镇大坎这个偏远的山村因此成为农民工创业的政策发源地。

## 实践活动

我劳动，我环保，我快乐

【活动主题】

我劳动，我环保，我快乐。

【活动宗旨】

通过主题活动，提高环保意识，并体验劳动生活，学习劳动技能，领悟劳动价值。

【活动时间】

2周。

【活动主体】

全班同学。

【活动实施】

1. 寻找生活中较为突出，亟待处理的污染问题

全班同学自由组合成若干小组（也可按照既有的班级分组），确定组长。各组首先完成"污染现象"寻找活动，发现生活中有哪些污染源，完成拍照以及文字记录，在规定时间内完成小组汇总。

2. 通过全班讨论、民主协商，最后确定班级要解决的污染问题

3. 针对已确定的污染问题寻找保护环境策略

小组共同探讨，研究出本小组的环保策略，做好相关记录。各小组在班会课上进行汇报交流，并汇总形成班级的解决方案。

4. 完成实践活动

结合小组实际，具体落实班级的解决方案。

拍摄记录小组的实践过程，特别要注意表现本次活动前后的环保效果差异，上传到班级网络平台。其中，效果特别好的作品，还可以通过自媒体向全社会传播。

5. 总结表彰

评选本次活动中有突出表现的"环保卫士""最美劳动者"，出一期班级板报，张贴"环保卫士"和"最美劳动者"照片，并配上文字介绍。

## 第二节　弘扬劳模精神

在我国革命、建设和改革各个历史时期涌现出来的劳动模范，虽然行业不同、岗位各异，但都有着共同的特质，那就是以高度的主人翁责任感、卓越的劳动创造、忘我的拼搏奉献，始终走在工人阶级和劳动群众的前列，享有崇高声誉，备受人民尊敬。

他们身上所体现的爱岗敬业、争创一流、艰苦奋斗、勇于创新、淡泊名利、甘于奉献的劳模精神，是中国工人阶级伟大品格的生动体现，是民族精神和时代精神的重要内容，是我国极为宝贵的精神财富。

## 一、践行劳模精神，要做"四有"职工

### （一）做有文化的技能人才

单纯的苦干、实干、不怕牺牲，只能代表劳模含义的一部分。在科学技术日益发展的今天，劳模精神还体现在创新、智力、技术等方面。当代劳模是执着的知识渴求者，在知识社会和新经济条件下，他们深刻理解"知本"与资本增值的关系，非常注重自身的人力资源投资和实践知识的积累，并最大限度地转化为工作中的人力资本优势，从而在知识更新中把自己锻造为复合型的劳动能手。同时，劳模用先进的科学知识和劳动技能引导与鞭策着其他人锐意进取、勤于学习、刻苦钻研，创造更多的自我价值和社会价值。

"金牌工人"许振超曾在清华大学语重心长地说："一个人可以没文凭，但不可以没知识；可以不进大学殿堂，但不可以不学习。只有知识才能改变命运，只有发奋学习才能成就未来。"这正是劳模学习精神的真实写照。劳模的学习精神既反映了工人阶级自强不息、艰苦奋斗、爱岗敬业、奋发向上的传统美德，也反映了中国劳动者勤奋学习、能思善想、开拓创新、勇攀高峰的精神风貌。因此，劳模的学习精神是新形势下劳模精神的精髓所在。践行劳模精神，首要的就是要像劳模那样不断学习、与时俱进。

"工欲善其事，必先利其器"。学习是文明传承之途、人生成长之梯、国家兴盛之要，是丰富职工群众精神家园的重要途径。当代劳动分工越来越细，技术含量日益增加，竞争越来越激烈，对每个职工的文化知识、业务水平和技术素质的要求也越来越高，职工必须勤于学习、善于思考，学习科学知识，树立科学精神，掌握科学方法，立足本职，学文化、学科技、学管理，不断提高科学文化技术水平、岗位技能和业务素质，争做岗位技术能手，才能适应竞争、追赶先进和开拓创新。

建设创新型国家是我国发展战略的核心和事关社会主义现代化建设全局的重大战略任务，不仅需要世界一流的科学家，还需要掌握精湛技艺和高超技能的高技能人才。高技能人才是把科研成果转化为现实生产力的重要桥梁，是把设计蓝图变成宏伟现实的主要实施者。践行劳模精神，就是要引导广大职工用现代科学技术武装自己，刻苦学习新知识、新技术、新本领，牢固树立终身学习的理念，不断增强学习能力、竞争能力、创新能力和创业能力，全面提升自身综合素质，争做学习型、知识型、技能型、专家型劳动者，为实现由"中国制造"向"中国智造"的转变做出贡献。

### （二）做有纪律的合格员工

纪律和规则是保障人们工作不犯错误的前提。如果没有坚定的纪律观念和规则意

识，就会导致责任心不强、作风涣散、不作为或乱作为等现象，甚至会违法乱纪、腐败堕落。没有规矩不成方圆，铁的纪律是做好工作的保障。只有具备坚定的纪律观念，坚持原则，时刻注意自己的言行，服从组织，听从指挥，围绕中心，服务大局，对党和人民群众负责、对自己负责，才能真正做到爱岗敬业，才能将工作做对做好。

践行劳模精神，就是要遵守国家法律，严格依法办事，严守组织纪律。脑中常绷法纪这根弦，不越雷池，不踩红线，不闯红灯，不碰高压，有令则行，有禁则止。严格遵守法律法规和所在岗位的各项制度，自觉地按规定办事，善于运用法律规范自身行为，维护自己的合法权益，坚决同危害民族团结、国家安全和社会稳定的各种违法犯罪行为做斗争。

践行劳模精神，就是要"干干净净"，"政治上跟党走，经济上不伸手，生活上不丢丑。"政治上保持清醒头脑，不留污点；经济上清正廉洁，不为金钱所诱惑，无贪财之心；生活上严格律己，洁身自好，不为情色所动。坚持原则不能动摇，执行标准不能走样，履行程序不能变通，遵守纪律不能松弛。

作为职工，践行劳模精神还需要自觉遵守职业纪律。职业纪律是在特定的职业活动范围内从事某种职业的人们必须共同遵守的行为准则，包括劳动纪律、组织纪律、财经纪律、群众纪律、保密纪律等基本纪律要求，以及各行各业的特殊纪律要求。遵守职业纪律可以维护正常的工作流程和安全生产，保证企业单位劳动生产顺利有序进行，促进企业单位健康发展；促使职工安全规范地行使自己的劳动权利，提高劳动效率，进而提高企业单位的生产绩效水平、科学管理水平和企业文化水平。

### （三）做有理想的逐梦青年

理想是人生的奋斗目标，是民族前进的精神动力。没有理想就没有希望，没有希望就没有实现理想的力量。坚定的理想信念，是人生的精神动力，是做好工作、克服困难、开拓创新的力量之源。新中国成立70多年来，不同时期、不同岗位涌现出的劳模身上总是有一种坚忍不拔、不畏艰险、顽强拼搏的可贵精神，他们善于把自己的事业追求和人生理想转化为现实。

新中国成立初期，物质匮乏、环境艰苦，正因为一批又一批劳模前后相继，执着于民族昌盛、国家富强的远大理想，影响和带动千千万万劳动者投身社会主义建设事业，才为今天国家实现科学发展、跻身强国之林打下了坚实的基础。现代社会充满竞争，也充满诱惑和浮躁，人们的价值观念多元而又多变。践行劳模精神，就是要学习劳模淡泊以明志、宁静以致远的优秀品格，把为理想而奋斗当作人生快乐的源泉，用高尚的理想和情操充实自己的精神世界，努力实现人生理想，实现人生价值。

劳模努力自学成才，坚持岗位成才，无论身处顺境、逆境，都牢牢把握自己，以服务他人、攻坚克难为乐，把自己的生存发展与人类个体、群体、整体，与自然万物的和谐发展融合在一起。因为有理想、有信念，因为讲认真、讲奉献，他们的人生境

## 第六章 秉承劳模精神展现青年风采

界才在推动文明发展、社会进步的征途上豁然开朗。劳模是人们学习的榜样,是一面镜子,更是一个值得追求和超越的目标。践行劳模精神,就是要学习劳模自信、自强、自立,始终保持为理想而奋斗的激情,做一个有益于社会和人民的人。

**经典案例**

### "制高点"上的追梦和守望

#### ——记中国建筑一局塔吊工人王华

塔吊,建筑工地上的"制高点",也是危险系数颇高的岗位。

王华,中国建筑一局塔吊司机,从一名普通农民工成长为能够精准"盲吊"的"绝顶高手",不断追求职业成就感,实现了事业与人生的双重跨越。

王华的操作间不足1平方米,连续高空作业8小时,看不到一个人,无法活动,上厕所也很困难,究竟是什么力量让王华爱上了这份又苦又危险的工作呢?

"我热爱着高高的塔机,喜欢它那长长的铁臂、通往天路的神梯,热爱着钢铁般的气息……"王华写的小诗《天路》对此做出了诠释。不断的追求,日益累积的职业成就感,坚定着王华的高空守望。

当年在北京国贸建设工地,进口的新塔吊出了问题。厂家派来了高级工程师,花了3天时间,没有发现问题出在哪里。公司领导让王华上去看看,王华没带任何工具,凭着多年的操作和维修经验发现"电机坏了",最后换了零件,机器果然恢复正常。

在深圳平安金融中心建设工地上,项目执行经理说:"一听到塔吊出问题,第一个想到的就是赶快找王华。"

职业成就感改变了王华的价值观。当初他做塔吊工作,看中的是比平地工人高出两倍的工资。如今,有外国公司愿意出两万多元的月薪聘请王华,但他拒绝了。

"我的成长与一局分不开。工作了这么多年,对公司有感情,不想走。"王华说。

高空作业带来的特殊视野、成就感催生了王华的浪漫情怀。写诗作文,为他的生活增添新的色彩。

"攀爬上长长的铁臂,我站在白云的中间,对着天空一声大喊,我来了和你并肩……我多想摘一颗星星,与那白云装在一起,挂在我的塔机之上,伴我实现人生梦想。"王华以诗言志。

理想与现实有着辩证的内在联系。理想来源于现实,是对现实的某种反映;理想是未来的现实,现实是理想的基础。不能成为现实的理想,或者背离现实的理想,都是毫无意义的理想。要正确处理理想与现实的关系,不能以理想来否定现实,也不能以现实来否定理想。对于广大职工来说,只有立足本职,干一行专一行,才有可能实现自己的理想。

要自觉坚持用中国特色社会主义理论体系武装头脑，提高贯彻党的路线方针政策的自觉性，推进改革开放，促进经济发展，维护社会稳定。了解中国国情，增强民族自豪感和历史责任感，将爱国家、爱企业、爱本职工作紧密结合起来，为各项事业的发展多做贡献。树立正确的世界观、人生观、价值观，胸怀全局、目标远大，严于律己、弘扬正气。

### （四）做有道德的社会成员

中共中央、国务院印发的《新时代公民道德建设实施纲要》中指出，"在全社会大力弘扬社会主义核心价值观，积极倡导富强民主文明和谐、自由平等公正法治、爱国敬业诚信友善，全面推进社会公德、职业道德、家庭美德、个人品德建设，持续强化教育引导、实践养成、制度保障，不断提升公民道德素质，促进人的全面发展，培养和造就担当民族复兴大任的时代新人"，要把社会公德、职业道德、家庭美德、个人品德建设作为着力点。

文明礼貌、助人为乐、爱护公物、保护环境、遵纪守法为主要内容的社会公德，鼓励人们在社会上做一个好公民；推动践行以爱岗敬业、诚实守信、办事公道、热情服务、奉献社会为主要内容的职业道德，鼓励人们在工作中做一个好建设者；推动践行以尊老爱幼、男女平等、夫妻和睦、勤俭持家、邻里互助为主要内容的家庭美德，鼓励人们在家庭里做一个好成员；推动践行以爱国奉献、明礼遵规、勤劳善良、宽厚正直、自强自律为主要内容的个人品德，鼓励人们在日常生活中养成好品行。

践行劳模精神，就是要大力弘扬爱国主义、集体主义、社会主义和艰苦创业精神，正确处理个人利益、集体利益和国家利益的关系，识大体、顾大局，自觉做到个人利益服从集体利益，眼前利益服从长远利益，局部利益服从整体利益，把为人民服务作为人生最有价值的追求，自觉抵制拜金主义、享乐主义、个人主义等思想的侵蚀，不断加强思想道德修养，在企业做个好职工，在社会做个好公民，在家庭做个好成员。

践行劳模精神，尤其要重视职业道德。职业道德是一个人的职业态度、奋斗目标、工作目的、事业责任心和劳动积极性的综合体现。职业道德包括爱岗敬业、诚实守信、办事公道、服务群众、奉献社会。要养成高尚的职业道德，就要在本职岗位上始终自觉地用高尚的职业道德规范自己的言行，激励自己创造一流业绩。同时，要坚决与各种违反社会主义职业道德的人和事做斗争，带头反对和抵制各种置企业声誉与财产于不顾、投机取巧、极端自私、贪污腐败和严重损害党的形象的行为，使高尚的职业道德在企业的建设、改革与创新的实践中蔚然成风。

## 二、践行劳模精神，要向劳模学习

劳动模范和先进人物具有的先进思想与优秀品质，是这个社会和时代的产物。只

第六章 秉承劳模精神展现青年风采

有大力弘扬劳模精神，引导广大职工牢记工人阶级的历史使命，树立高度的主人翁责任感，以国家和民族的伟大复兴为己任，以极大的热情投入到各项建设事业中。要大力宣传劳模事迹，让劳模精神深入人心；要积极选树先进典型，让劳模精神代代相传；要激励职工创先争优，让劳模精神更具时代价值。用劳模精神中蕴含的价值理念激发更多人的认同与参与，使其增强信心、振奋精神、凝聚力量，展现新时代风貌，发挥聪明与才智，付出辛勤与努力，书写美好的明天。

（一）学习劳模艰苦奋斗的思想意识

艰苦奋斗是指为实现伟大的或既定的目标而勇于克服艰难困苦、顽强奋斗、百折不挠、自强不息、居安思危、戒奢以俭的精神和行动。我们要践行劳模精神，就要在思想意识上树立正确的价值取向和立场观点，增强不怕困难的意识，坚定克服困难的信心，培育在艰苦环境中敢于奋起、有所作为的品格；就要在精神意志上始终保持昂扬的朝气、奋进的锐气和浩然的正气，"任尔东南西北风，咬定青山不放松"，矢志不渝、志存高远、百折不挠；就要在学习工作中始终勤奋刻苦、努力创新、厉行节约，吃苦在前，享受在后。只有勤劳肯干、勤学苦练，才能提高自己的工作技能，不断实现自我突破。

**经典案例**

### 奋战在脱贫一线的劳模——吕琼芬

清晨6时，吕琼芬就进了果园，修枝疏果又快又准。

8时刚过，吕琼芬放下手里的活，骑上电动自行车赶往竹园村。一上午，吕琼芬这家果园走走，那家看看，不时还上前搭把手，难得停歇片刻。

这里是位于乌蒙山腹地的云南省会泽县，全国52个未摘帽贫困县之一。吕琼芬的家在金钟街道乌龙村。10多年前，她带头种果树，帮助乡亲脱贫致富，2015年被授予"全国劳动模范"称号。4年前，她又欣然受命，担任竹园村党支部副书记，再度挑起脱贫攻坚的担子。

在脱贫攻坚一线，有许多劳动模范像吕琼芬一样不懈奋斗，当先锋、打头阵、做表率，团结、带领贫困群众脱贫致富。

"继续奋斗，确保全面小康路上一个也不能少。"

屈指算来，吕琼芬已在竹园村工作了4年。每天一早起床，吕琼芬抓紧干点自家的活，随即就去竹园村。

"当时组织部门找我谈话，希望我到竹园村担任党支部副书记。"那会儿，在吕琼芬的带领下，乌龙村几乎家家有果园，户均年收入超过10万元。竹园村有样学样，虽

55

然也种果树，可是卖不上价，村民们难以稳定增收。

二话没说，吕琼芬就应承下来。她有过陷入困境的经历，知道脱贫不易。2002年，丈夫因病去世，吕琼芬一人挑起全家重担，凭着一股子闯劲种起13亩果园。后来，她给村里乡亲传经送宝，让乌龙村变了模样，自己也因此被推荐成为全国劳动模范。

"劳动模范，既是荣誉，更是责任。"吕琼芬说，帮助竹园村的乡亲脱贫增收是分内事，义不容辞。

"行家一出手，就知有没有。"吕琼芬发现，竹园村水果种植的症结在品种和管理。吕琼芬对症下药，力推品种改良和田间管理。3年过去，竹园村的果树已基本完成品种改良，114户422人受益脱贫。

### （二）学习劳模淡泊名利的崇高美德

劳模的业绩与淡泊名利的崇高精神密不可分。践行劳模精神，就要学习劳模淡泊名利的美德。

淡泊名利是做人的崇高境界，是以超脱世俗、豁达客观的态度看待一切。许多劳模几年、十几年，甚至几十年如一日，像螺丝钉一样把自己"拧"在平凡的工作岗位上，默默耕耘、奋斗不息，并且能做到清心寡欲、淡泊名利，脚踏实地地实现自己的人生理想和生命价值，成为全社会尊敬的先进人物。学习淡泊名利的精神，就要努力做到清白做事，干净做人；办事公正，清正廉洁；一心为公，尽职尽责。树立正确的名利观，以平和之心对"名"，以知足之心对"利"，自觉坚持洁心、洁身、洁行，以廉为荣、以俭立身，耐得住艰苦、守得住清贫、抵得住诱惑，始终具有拒腐防变的能力。

**经典案例**

#### 淡泊名利甘于清贫

钱福珠精湛的技艺和任劳任怨的工作态度获得了厂内外的广泛赞誉。钱福珠1984年被评为苏州市劳动模范，1985年又被评为江苏省劳动模范。1985年，钱福珠还被中华全国总工会授予"全国技术能手"称号，获得了全国五一劳动奖章。同年10月，钱福珠作为中国工会代表团成员访问朝鲜，被授予中朝友谊奖章。

1986年，当时的吴江县成立了技工学校，专门培养纺织工人，钱福珠担任了兼职教师。说是教师，其实还是在厂里上班，在织机前现场示范给学生看，教学生如何操作机器、如何快速单向打结。钱福珠教得特别认真，有个女孩子学得很快，她欢喜得不得了，觉得能把自己的技艺传授给年轻人，等于为社会培养了人才。

1987年10月，党的十三大在北京召开，钱福珠光荣地当选为党代表。她是党的十三大代表中最年轻的，也是江苏省选出来的全国党代表中唯一一位一线工人。党的十三大后，作为全国党代表的钱福珠依然当一线工人，兼职在车间当老师。多年来，她教过的学生多达200多名，她毫无保留地把自己的一身技术教给了学生。1988年，她再次被评为江苏省劳动模范。

尽管获得了这么多荣誉，但钱福珠一直没有脱离生产一线，直到1989年年底她才不"三班倒"，而只上白班，依然是一线车工。

2000年，原新华丝织厂改制，企业淘汰了很多梭织机，被无梭织机代替，钱福珠成为下岗工人。她没有因为自己获得过很多荣誉而向组织提要求，她想用自己的双手重新就业。事实上，后来她辗转过几家企业打工，直到2005年退休，默默地居住在这个老旧小区里，与昔日的工友时常走动。

"现在，纺织设备越来越先进，有喷气的，有喷水的，我当年学的那些技术都用不上了。"说到这里，钱福珠脸上掠过一丝惆怅，不过很快恢复过来。她说，这是好事，科技进步了，纺织工人不用像过去那样辛苦了，生产效率也大大提高了。

前去看望她的吴江区总工会有关负责人说，钱福珠代表着那个年代的劳模刻苦钻研技术的精神，是那个时代吴江的工匠代表；同时，她淡泊名利、甘于清贫的精神值得现在很多人学习。

### （三）学习劳模甘于奉献的优良品格

奉献精神是指为了维护社会集体利益或他人利益，个人能够自觉地让渡、舍弃自身利益的一种高尚品格。无论时代发生怎样变化，奉献精神永远是鼓舞和激励人们奋发向上的巨大力量。奉献的内涵很丰富，包括不怕困难勇挑重担的精神，见义勇为、助人为乐的无偿服务，不计报酬、不为私利的精神，勤勤恳恳忘我工作的精神。奉献是一种美德，是推动社会发展的基石。正是有人无私奉献，社会的物质财富和精神财富才会不断增加。

**经典案例**

#### 雕刻火药的勇者

固体燃料发动机是战略战术导弹装备的心脏，有上千道制造工序，要求最高的工序之一就是固体燃料的微整形。0.5毫米是固体发动机药面精度的最大误差，而徐立平雕刻的精度不超过0.2毫米，堪称完美。

徐立平，中国航天科技集团有限公司第四研究院固体火箭发动机装药总装厂固体火箭发动机燃料药面整形组组长，高级技师。工作28年来，徐立平一直从事极度危险的航天固体动力燃料的微整形工作。火药药面整形目前无法完全实现机械化操作，危险性高，稍有不慎蹭出火星，就会引起燃烧甚至爆炸，对于手工操作的人来说没有任何的逃生希望。凭着对事业的忠诚和责任、过人的胆识和智慧，徐立平苦钻善学，练就了一手高超的技艺绝活，积累了丰富的工作经验，多次出色完成急难险重任务。

怎样更好地改进刀具，提高整形效率，确保安全性，是徐立平一直思考和研究的问题。徐立平根据整形的不同阶段和不同部位，设计、制作和改进了各种整形、挖药刀具30多种，不仅缩短了操作时间，提高了工作效率，更保证了整形、挖药的安全和质量。

长年一个工作姿势，加上火药的刺激性，徐立平的身体变得向一侧倾斜，双腿也一条粗一条细，头发更是掉了一大半。有人问徐立平图什么，他说，即使再危险的岗位总得有人去做，每当看到飞船上天、火箭上天，心中的自豪感是任何东西都换不来的，所以觉得值。

每种伟大的精神都是社会发展的鲜明旗帜，都是民族进步的不竭动力。劳动模范身处各行各业，生活在劳动群众中，有着特殊的影响力和凝聚力。大力弘扬劳模精神，发挥劳模作用，必将进一步团结广大职工和劳动群众，激发其劳动热情和创造潜能，为全面建成小康社会，实现中华民族伟大复兴的中国梦而努力奋斗。

### （四）学习劳模爱岗敬业的道德品质

践行劳模精神，就要学习劳模爱岗敬业的道德品质。爱岗敬业是爱岗与敬业的总称。

爱岗和敬业互为前提，相互支持，相辅相成。

要做到热爱本职岗位，就要努力做到干一行爱一行。在平凡的岗位上严格要求自己，时时事事不忘创先争优；保持热情的工作态度和严谨的工作作风；认真树立职业理想，强化自己的职业责任；认真学习与职业有关的理论知识，提高职业技能，不断完善自我、提高自我，时刻保持努力学习的劲头，在工作中学习，在实践中学习，将学习作为一种良好的生活习惯。只有干一行爱一行的人，才能专心致志地搞好工作。

**经典案例**

### 领略航天"劳模"的奋斗身姿

有人说："世界上有两种光芒最耀眼，一个是太阳，另一个就是你努力的模样。"

张康益曾任某型雷达组负责人，在执行长征五号首飞任务期间，及时发现问题，有效避免对测量数据的影响。如今的他已经走上铜鼓岭测控区测控总体岗位，随着岗位的变化，他也更忙了。今年"五一"，他没有与妻儿团聚，而是选择留在发射场积累测控设备总体知识，组织任务文书和方案预案的编写与评审，组织该测控区各设备参加针对性训练和应急演练，努力提高人员岗位能力和设备可靠性。总是能在机房和设备点位看到张康益与岗位人员一起探讨解决问题、落实工作的身影。妻子虽然也翘首企盼团聚，但对丈夫的事业更多的是全力支持："你把工作做好了，就是对家人的回报。"

徐张旗作为离发射塔架最近的某光学设备指挥员，深感责任之大。随着妻子预产期越来越近，最近他心中有一种强烈的期盼与日俱增，即便如此，仍试图努力处理好工作与家庭的平衡，把手头的工作做好不愧对光荣的航天使命，把妻子安抚好不愧对身为丈夫的责任。今年"五一"，他选择奋战在航天工作的第一线，设备转场吊装，经纬仪标定标校，应急方案演练，背板备件检查维护，忙得不可开交。

彭磊作为一名刚工作两年的年轻同志，凭借过硬的能力素质已经成长为某型雷达指挥员。刚参加工作时，为尽快适应岗位需求，他晚上挑灯夜读学习原理，白天像钉子一样钉在设备上苦练操作，靠着胆大心细，把设备上的板卡逐个拆下来研究了一遍，对设备的掌握也逐步达到十分透彻的地步。在某次任务联调中，设备突发故障，他迅速组织岗位人员对设备进行会诊，连夜定位并排除故障，确保设备如期参加测控任务。即便如此，彭磊仍感觉自己工作时间短、经验欠缺，与一个能力过硬的合格指挥员仍有差距。"五一"到了，他不肯错过这样一个给自己加油充电的大好机会，他如一颗螺丝打铆，在岗位上努力锤炼自己的指挥协同能力。

他们只是"劳模"中的一分子，他们用奋斗迎接"五一"劳动节，以本色书写航天事业的壮美篇章，以优异成绩向祖国交一份合格答卷。这个劳动节，航天"劳模"们的奋斗身姿格外美……

**（五）学习劳模争创一流的奋斗决心**

争创一流是一种积极奋发的精神风貌，是一种凝心聚力的目标追求，可以内化为每个人的工作动力源泉。要学习劳模，践行劳模精神，就要像劳模一样树立争创一流的精神风貌，把争创一流内化为奋斗目标，始终创造一流的工艺、一流的质量、一流的管理、一流的服务，推动我国社会生产力水平实现整体飞跃。

**经典案例**

### 军工"绣娘"

2019年国庆70周年阅兵，新一代预警机惊艳亮相。预警机是空中指挥所，是整个飞行队伍的神经中枢。这神经中枢里最精密的一部分器件是由手工焊接的，而完成这项工作的就是中国电子科技集团的女技师潘玉华。

潘玉华在军工精细焊接的岗位上一干就是20年，从没做过别的工作，每天琢磨的就是如何让手更稳定，心更静。同事们经常能看到她很晚了还在独自加班研究技术。工间休息的时候，潘玉华会带着徒弟们做投硬币的练习。在已经盛满水的水杯中投入一元硬币，保证水不会溢出，为的是锻炼观察力和手的平衡感。潘玉华的最高纪录是45枚硬币。

军工精细焊接中有一种称为植柱的工艺，即在一块一元硬币大的电子板上，在没有任何机器辅助的情况下，全凭手感精准焊接1 144根细小的铅柱。潘玉华完成一块1 000多根的植柱只需要两个多小时。她的这一手绝活为卫星的研发提供了有力保障。

在厂里，潘玉华是技术水平最高的师傅，也是最严苛的师傅。"真正看到我做的东西，谁在使用它，谁在进行操控，进行掌握的时候，这个心情真的是非常的自豪。我对自己、对徒弟要求严格，是因为使用我们产品的人的生命是由我们来保障的。"潘玉华说。

（六）学习劳模勇于创新的高尚精神

创新是一个民族进步的灵魂，是事业发展的不竭动力。一个全民创新的国家会更有力量，一个全员创新的企业会更有生机，一个自我创新的岗位也会更有作为。发展蕴含机遇，创新成就伟业。劳模勇于创新的精神是各行各业创新精神的总结，也是对青年学生的要求，更是值得永远传承的精神财富。

 **榜样力量**

### "主刀"打磨导弹点火器

发射导弹时，最牵动人心的莫过于发射前点火的瞬间，它直接决定导弹发射的成败。而洪海涛就是一位常年打磨导弹点火器的特级技师。

洪海涛是中国航天科工六院359厂的一名车工。工作21年来，在车工这条看似平凡又单调的路上，他凭着一身硬功夫走得越来越稳健。某型号发动机燃烧室壳体为超高强度钢制作，工件壁薄，刚性差，精度高，装夹和加工时极易变形，极易造成产品质量超差或报废，这个技术瓶颈一直困扰着科研生产。洪海涛从一次打生鸡蛋的过程中找到了软工硬做的灵感。他发现车床削鸡蛋与上述零件的装夹和加工有着类似之处：车床削蛋壳而内膜不破，难点是装夹、找正和切削用量。经过反复试验，洪海涛总结出了"三三旋转找正法"，有效地提高了加工精度，使产品合格率提高到100%。

车床削生鸡蛋只是洪海涛技艺精湛、善于创新的一个例证。近年来，洪海涛自行设计适合实际操作的工艺装备有10多种，攻克了许多关键零部件的加工难题，解决了多项生产瓶颈问题，精湛的技术让他成为工厂车工线上的"主刀手"。

2009年，深圳一家公司以年薪20万元邀请洪海涛加入，这差不多是他当时收入的三四倍。当时洪海涛父母退休、儿子上学，正是需要钱的时候，洪海涛也曾心动，但他最终选择留下来。洪海涛说，车床已经成为他身体的一部分，自己舍不得离开这个奋斗了21年的地方。

## 实践活动

### "劳动拥抱新时代"——劳动教育周

【活动主题】

劳动拥抱新时代。

【活动宗旨】

通过劳动实践活动，让同学们感悟自己心中的新时代劳动精神，弘扬劳动最光荣、劳动最崇高、劳动最伟大、劳动最美丽的主旋律，培养学生树立正确的劳动价值观和良好的劳动品质。

【活动时间】

每年五月份。

【活动主体】

在校学生。

【活动实施】

1. "劳动知识"快乐谈

活动要求：围绕"劳动知识"主题，普及劳动科学相关基础知识，比如劳动法律、劳动关系、劳动经济、劳动与社会发展、劳动与就业创业等，师生可通过讲述、讨论、播放视频等方式开展讨论，使同学们明白"实干兴邦、空谈误国"的道理，并撰写心得体会。

2. "课外劳动"大比拼

活动要求：倡议每名同学在活动周内完成不少于5小时的课外劳动，包括宿舍整理劳动、宿舍环境改造劳动、教室卫生清洁劳动、餐厅卫生清洁活动、校园绿化养护劳动，手工制作劳动等，通过征集有代表性的典型劳动事迹进行评比，展示同学们的劳动风采，使同学们懂得尊重劳动、珍惜劳动成果。

3. "创新劳动"练本领

活动要求：让学生充分认识到新时代劳动技能是人机协同、智慧劳动、创造性劳动的重要基础，结合"大智移云"的时代背景和学科专业，引导学生注重应用新知识、新技术、新工艺、新方法，积极开展实习实训、专业服务、社会实践等，创造性地解决实际问题，使同学们强化劳模精神、工匠精神，积累职业经验，提升就业创业能力，树立正确的就业择业观。

4. "公益劳动"在路上

活动要求：各班级结合自身实际情况及专业特色，制定公益性劳动实施方案，开展丰富多彩的劳动主题教育活动，引导学生在公益劳动中"强责任""长才干""做贡献"，选树公益性劳动优秀学生典型，展现当代青年学子风貌。

# 第七章　铸造工匠精神　追求精益求精

**学习导读**

　　工匠精神既是一种技能，也是一种精神品质。放大了看，工匠精神更关乎着一个国家的工业文明。它将引导加强技术创新，提升中国制造业的整体水平与形象。

　　工匠精神具体到个体，往往具有专注、坚守、耐心、严谨、创新，以及突破自我等优良品质。工匠们喜欢不断雕琢自己的产品，热爱自己所从事的事业，不断改善自己的工艺，享受着产品在双手中升华的过程。工匠们对细节有很高要求，追求完美和极致，对精品有着执着的坚持和追求，把品质从99%提高到99.99%，其利虽微，却长久造福于世。

## 第一节　认识工匠精神

　　工匠精神指的是工匠对自己的产品精雕细琢、精益求精的一种精神理念。工匠精神的内涵可以理解为精益求精，精雕细琢，不惜花费时间和精力；严谨，一丝不苟，不投机取巧；耐心、专注、坚持，不断提高产品和服务；专业、敬业，以打造本行业最优质的产品为目标。

　　工匠精神具体到产品和服务上，往往表现为精工制作出质量上乘的产品，满足客户的需求，并牢记以人为本的服务理念。

　　工匠精神具体到个人行动上，就是指热爱你所做的事情，并认真对待。在读书时热爱你所学的专业，掌握扎实牢固的技能技巧；在工作时热爱你的工作，用严谨、专注、负责的态度对待工作；在岗位上热爱你的产品，不能忍受产品一丝一毫的瑕疵，杜绝残次品，追求完美。

　　纵观中华五千年历史，我们从不缺乏能工巧匠，更不缺工匠精神。早在古代西周时期，就已设立了"百工制度"，古代"中国制造"远近闻名，传统手工制造更是名扬海内外，有些甚至可被称为顶级奢侈品。从两千多年前的鲁班，到隋代的李春，他们都是大师级的工匠。万里长城、故宫建筑、赵州石拱桥、西安大雁塔……这些都是工匠精神的杰作。还有那百年老字号，各地的名优产品，无不是工匠精神的结晶。在我们中华民族的肌体里，早已蕴藏着工匠精神的基因。可以毫不夸张地说，工匠在推动人类文明方面做出了不可磨灭的贡献。历史也证实，高尚的工匠精神是任何时代都不可缺少的，如果忽视工匠精神，那社会的发展和文明的辉煌就难免受挫，同时工匠精神这股有生力量推动人类进步的愿望就不能很好地实现。

### "工匠精神"作品展活动方案

【活动背景】

　　工匠是国家不可或缺的力量，他们有着精湛的技术、高超的技艺、缜密的心思。大国工匠们在平凡的岗位上，成就不平凡的事业。为了加深对工匠精神的理解，同学们可以根据自己的才艺、自己的智慧创造出诠释工匠精神的作品。

【活动名称】

　　"工匠精神"作品展。

【活动主题】

我眼中的"工匠精神"。

【活动对象】

全体在校学生。

【作品类型】

书画作品；手工艺作品；诗歌、小说、散文等文学作品；技能作品；等等。作品类型、尺寸大小不限。

【活动时间】

为期一个月。

【前期报名准备】

2周。

【展览】

1周。

【评选】

3天。

【活动时间、地点、经费预算】

根据活动组织者待定。

【评分标准依据】

1. 是否认真理解工匠精神，并体现在作品中。

2. 是否为自己的原创作品。

3. 评委制定的详细规则。

【活动地点】

活动组织者待定。

【活动奖项设置】

选出一、二、三等奖各若干名并给予一定奖励。

## 第二节　工匠精神培育实干型的学生

精益求精的工匠精神体现在企业的生产和服务过程中。在教育阶段，弘扬工匠精神，让学生学习领悟工匠精神的价值和意义，不仅有利于学生个体的价值体系塑造，为其长远发展奠定良好的职业素养，更是实现中国梦的重要保障。

用工匠精神培育学生，是学校自身发展和学生未来成长成才的需要。央视的《大国工匠》节目，从选取的行业顶级技工的典型故事来看，可以说这些工匠是真正的"国宝"级人物，倘若没有他们，航天器上不了天，蛟龙号下不了海，高铁无法奔驰神州……他们正是用工匠精神托起了中国梦，也成就了自己的辉煌人生。同样，学生只

有具备敬业、专业、高度负责的态度、精益求精的价值追求和严格细致的工作作风，才会拥有光明的职业发展前景。

用工匠精神培育学生，是中国由制造大国走向制造强国的必然选择。没有工匠精神作为内在支撑，便无从打造制造强国。犹如轮船没有超强发动机就难以远航。学生是国家未来建设的重要力量，只有培养好学生的工匠精神，才能培养出制造强国的主力军。

用工匠精神培育学生，有助于推动社会文化的健康发展。

用工匠精神培育学生，唤醒的是他们的职业尊严感，也是重构民族文化，发展壮大中国制造的必由之路。

### 一、劳动教育是工匠精神最好的栖息地

高技能人才在各个领域、岗位上的作用越来越重要，先进的技术成果最终都需要靠技术工人去实现。因为大到一个国家，小到一个企业，只有拥有数量充足、结构合理、素质优良的技术工人，才有可能发达繁荣。

如何培养工匠精神？工匠精神的第一要素是乐趣和热情。《论语》中说："知之者不如好之者，好之者不如乐之者。"这一句话明确概括了工匠精神的第一要素。

工匠精神的第二要素是坚持不懈。孔子曰："学如不及。"求知永无止境。这不限制于某一特定范围，而适用于我们生活的方方面面。我们在生活中，只要仔细观察，就不难发现那些不断研究、探索，在某一领域上独辟蹊径的人，比如居里夫人，整整花了45个月的劳动，经过几万次的提炼，终于成功地获得了10克纯镭；比如爱迪生，将1 600多种耐热发光材料逐一地试验下来，才发明了性能稳定的白炽灯泡。

工匠精神的第三要素是坚强和忍耐。我们一般把那些通过不断努力超越一般境界的人叫"匠人"。匠人能够坐得住"冷板凳"，不断磨炼自己的技能和技艺，能够直面困难和挫折，不断追求并执着地坚守。

对自己的专业保持足够的热情和兴趣，不断增强自己的动手实践能力和探索能力，对新鲜事物永葆好奇心，以专注、严谨的态度不断磨炼自己的技艺技能，工匠精神自会在心中生根发芽。

### 二、工匠精神不可替代

在2016年的全国两会上，"工匠精神"一词家喻户晓了。众所周知，经过几十年的改革开放，中国经济迅速发展，中国已经是世界上最令人瞩目的制造大国之一。

很多人认为工匠是一种机械重复的工作者，其实工匠有着更深远的意思。它代表着一个时代的气质——坚定、踏实、精益求精。

可以毫不夸张地说，工匠在推动人类文明方面做出了不少贡献。工匠精神代表着一个时代的气质，是一个大国制造业从大到强所必须具备的一种精神。因为"一个拥

有工匠精神、推崇工匠精神的国家和民族，必然会少一些浮躁，多一些纯粹；少一些投机取巧，多一些脚踏实地；少一些急功近利，多一些专注持久；少一些粗制滥造，多一些优品精品"。

"尽管科学技术在不断进步，但都代替不了工匠精神。"这是国际著名焊接专家、中国工程院院士关桥对工匠精神的体会。关桥是中国航空焊接专业的学科带头人，也是我国飞行器制造工程中多项特种焊接技术的开拓者。他发明的"薄壁结构低应力无变形焊接方法及装置"实现了焊接变形控制领域中的重大突破。

耄耋之年的他见证了中国焊接技术的起步和发展。今天，尽管电子束焊、激光焊接等一系列现代化焊接手段层出不穷。但在关桥看来，这些技术的存在并不能取代匠人的地位。"还有很多事情是现代化技术无法完成的，要靠人的手艺去精雕细琢。"

目前，我国正在由"制造大国"向"制造强国"迈进。在制造业，工匠精神具体表现在对产品精益求精、精雕细琢，对产品的质量、性能的追求永无止境方面。工匠精神的内在要求是，要求制造者不是"制造"某一件产品，而是有一种追求卓越的心态。

比如要制造一辆汽车，不是符合了国家质量要求就可以，而是这辆汽车最好能拥有世界领先技术，包括操作、省油、安全、寿命、美观等。作为一名企业员工，首先是对自己生产的产品有一种荣誉感和责任感，热爱自己生产的产品，而不是只看到产品能带来的利润。

每个行业都需要有工匠精神，每个工种都需要工匠精神，技术性工匠就是要不断雕琢自己的产品，提升技能，改善工艺。而工匠精神只有融入每个人的血液中，成为其精神理念的一部分，才能不断优化我国的工业生产。

## 实践活动

### 为好产品代言活动方案

【活动背景】

在我们的日常生活中，会接触到许许多多的产品。上课用的文具、书本，用餐的饭盒水杯，必不可少的电子产品，出行乘坐的交通工具，教室的桌椅，实验课上的各种工具器皿……无一不是为我们服务的产品。在这些随处可见的产品中，你觉得哪些产品最具有工匠精神？哪些产品的制作工艺或者产品设计还需要提高和改进？

和同学交流一下你心中最具有工匠精神的好产品有哪些，或者是你对哪一些产品的设计和制造有更好的想法，然后在班级分享。

【活动目的】

通过在日常生活中发现的好产品，提高自己的精品意识。通过用工匠精神的精神理念来检验生活中的产品，在生活实践中理解和践行工匠精神理念。

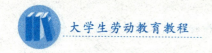

【活动主题】

为好产品代言。

【活动参与人员】

全班学生,每2~3人为一组。

【活动流程】

1. 每组成员搜集自己身边最具工匠精神的产品以及最值得改进的产品1~3种,并说明推荐理由。

2. 小组成员内部讨论,通过与其他产品的对比,列举好产品的特别之处,以及我眼中的好产品分别体现了工匠精神的哪些方面。

3. 开展"为好产品代言"主题班会,推选出"最佳推荐人"若干名和"最具工匠精神产品"若干种,制作一本"我眼中的好产品"名录。

【活动总结】

根据活动推选出的产品,填写"我眼中的好产品"名录,填写入选产品的名称、入选理由、改进之处、推荐人等信息,并在以后的活动中不断补充。让同学们切身感受具有工匠精神的产品与普通产品的差别,帮助同学们树立精品意识,并不断将这种理念外化于行。

## 第三节 实践工匠精神

进入企业实习,接触真正的工作岗位并承担一份责任,是学生向社会人转变的第一步。因为实习的岗位大多会和自己所学的专业相关联,实习是学生接触的第一份工作,可能会奠定学生整个职业生涯的基础。

在学校里,学习生活轻松愉快,同学之间以及学生和老师之间相处得比较融洽,许多学生自身并没有独立地处理过问题,存在较强的依赖心理。但是,在企业实习时,身份由学生转变为员工,在工作岗位上要独当一面,肩上都担了一份责任。

在实习期间,可能会遇到各种问题:工作和生活环境不适应、难以习惯工作时间和管理制度、工作劳累和各种人际关系的处理,等等。如何解决这些问题呢?只有做好角色转变的心理准备和思想准备,以工匠精神要求自己,才能将实习机会的价值发挥到最大化,适应工作岗位。

### 一、用工匠精神练就真功夫

大凡真正出色的工匠,都是勤劳、敬业、稳重、踏实的人,他们对工作一丝不苟,精益求精。他们之所以能够在自己的平凡岗位上创造不朽的辉煌,并不是说他们天生就比他人技高一等,或者比他人更加聪颖。而是他们有足够的耐心,能够比别人更早地行动,比别人更早地思考,更久地钻研,最终才会取得成功。

第七章 铸造工匠精神 追求精益求精

【经典案例】

曾国藩是中国历史上有名的政治家,然而他小时候的天赋却不高。有一天曾国藩在家读书,对一篇文章重复读了不知道多少遍,仍然没有背下来。

这时候他家来了一个贼,潜伏在他家屋檐下,希望等读书人睡觉之后行动。可是等啊等,就是不见曾国藩睡觉,他还是翻来覆去地读那篇文章。贼人大怒,跳出来说:"这种水平读什么书?"然后将那篇文章背诵一遍,扬长而去。

贼人是很聪明,至少比曾国藩要聪明,但是他却误入歧途,而曾国藩由于勤奋,刻苦努力,日后成了中国近代的政治家、战略家、理学家和文学家,湘军的创立者和统帅。

"勤能补拙是良训,一分辛苦一分才。"伟大的成功和辛勤的劳动是成正比的,有一分劳动就有一分收获,日积月累,从少到多,就可以创造奇迹。

天道酬勤,天底下没有什么事情是做不到的,做到与做不到的差别,就在于一个"勤"字,不要因为笨拙而灰心丧气,只要勤劳,必定能弥补不足。而在山底下徘徊的人永远也到不了山顶。

笨鸟先飞,要学会吸纳他人的智慧。正所谓,他山之石可以攻玉。在工作中,能够虚心倾听他人的意见,善于学习别人的长处,认真总结经验教训,都是吸纳他人智慧的路径选择。

特别是对于刚刚踏上工作岗位的实习生来说,来到企业进行实习,企业都会委派经验丰富的老员工来指导实习生。老员工们有着丰富的工作经验、专业技能和处事方法,通过学习老员工的智慧和方法,会让自己对职业和工作岗位有更清晰的认识,对自己日后工作的开展大有帮助。

要敢于付出。其实在工作中,每个人都应把自己当作一只"笨鸟",兢兢业业、勤勤恳恳、认认真真地将事情做细做好,凡事都像工匠那样对自己的产品精雕细琢,精益求精,力求达到完美和极致,那么,必定能成为雄鹰,翱翔于蓝天。

## 二、不急于求成,专心致志

常言道"慢工出细活",急于求成则不成。如果只是单纯地为了成功,追求眼前利益,缺乏长远的打算,这样的发展注定是不可持续的。在工作岗位上,一味地追求成功,追求成效,盲目冒进,走得越快,只会错得越多。只有如同工匠一般行事,一丝不苟,绝不马虎,最终才能呈现出最精致完美的作品。如果急于求成,一味地追求结果,往往会事与愿违。

毕业生刚入职时,首先要适应职场要求,而不是想着我要拿多少薪酬,我如何能够在最短时期内做一份事业出来。刚步入社会,才开始工作,积累经验、培养能力、继续学习是最重要的。

**【经典案例】**

有两位老汉在河边钓鱼，他们一人坐在一块石头上，神情十分专注。

这时，其中一位老汉一次又一次地起竿，不断地将钓上来的鱼放进鱼篓里；而另一位老汉的鱼篓里却空空的，他一条鱼也没钓到。这位没钓到鱼的老汉有些沉不住气了，他跑到那位钓鱼多的老汉身边，对他说："老哥，您已钓了这么多的鱼了，而我，从一早到现在连一条鱼也不曾钓到。咱俩用的鱼食一样多，钓钩下去一样深，可是结果却完全不一样，这到底是怎么回事呢？"

那位钓鱼多的老汉说："您是问我钓鱼的方法吗？其实也没有什么特别的方法。只不过我有这样一些体会：比如说，在我开始放下钓钩时，我心里想的并不是钓鱼这件事，因此，我不急不躁，我的眼睛也很平和而不是四下搜索张望，我的神情也不变，鱼就放松了戒备，忘记了我是钓鱼人，它们在我的钓钩旁游来游去，因此很容易上钩，我也就容易钓到鱼。我看你呀，就不像我这样，而是心里老想着鱼，心情十分急切，眼睛老看着游来游去的鱼，这样你的神情变化太多太明显，鱼看到你这副神态，它们会十分紧张，自然都被吓跑了，那你又如何钓得到它们呢？"

听了这番话，钓不到鱼的这位老汉才恍然大悟。于是他按那位老汉说的去做，静下心来，全神贯注。果然不一会儿，他也接连钓上来好几条鱼。

人生有许多事情是急不得的，就如同钓鱼一样，要想实现目标，就要认真专注地按规律办事。虽然两个钓鱼的老汉，外部条件一样，可是方法不一样，结果就不一样。所以，无论是读书、工作还是做其他什么事，专心致志地按规律办事，才能有好的效果。

匠人都是专注的人，因为专注，他们能够忽略大千世界的种种诱惑和纷繁复杂的信息，心无旁骛地在每一个细节中发现别人看不到的规律。匠人告诉你：不急于求成，精益求精，你就是这个行业的专家；专心致志，用心做事，发现规律，创造价值，你就是赢家。

### 三、重视自己的价值

一个人要成就一番事业，受到别人的认可，首先要学会认可自己。桑叶在天才的手中变成了丝绸，黏土在天才的手中变成了堡垒，柏树在天才的手中变成了殿堂，如果桑叶、黏土、柏树经过人的创造，可以成百上千地提高自身的价值，那么我们为什么不能使自己身价百倍呢？

实习生在工作岗位上，如果只抱着观摩的态度，那么永远也学不到真正的技能和知识。许多人总是觉得，我只是实习生，没有必要花费太多时间和精力在岗位工作上，只要安然度过实习期便好。但是许多实习生是通过在实习期间的表现而转为正式员工的。如果在实习期间，你不重视自己的价值，认为自己是可有可无的配角，极易引发工作拖延、懈怠等现象，那么你的上司肯定不会将主要工作交托给你，你也会失去真正得到锻炼的机会。

那么如何让自己变得更有价值呢？

最重要的便是做事情全力以赴，工作中无论上级交代了什么工作，自己都要努力做到最好，即使你做的是一件微不足道的小事，也会给你自己和身边的人留下印象。敷衍的态度只会助长自己的散漫，也会让别人失望。认真对待每一件事，不仅锻炼了自己的品质，也会让其他人对你更有信心。

松下幸之助对他的员工说："如果你只是个做拉面的，也要做出比别处更鲜美的拉面。"只有全力以赴做好工作中的每一件事，才会赢得他人的尊重和信任，无法让别人忽视你创造的价值，从而取得成功。

### 四、养成良好的工作习惯

初到企业实习，学生的身份即将转为企业的临时员工。主管、班组长替代了老师，陌生的同事关系替代了熟悉、亲密的同学关系。当面临困难或问题时，不能总依赖别人。这时候，需要勇敢面对现实，培养吃苦耐劳和敬业精神，对自己提出高标准、严要求，养成良好的工作习惯。

不论是好习惯还是坏习惯都具有强大的力量，好的习惯让人立于不败之地，坏的习惯则让人从成功的宝座上跌下来。经常做一件事就会形成习惯，而习惯的力量是难以抗拒的。

良好的习惯是成功的钥匙。所以，必须遵循的一个原则就是"养成良好的习惯"，并且全心全力地去执行。拿破仑曾经说过："最好大声地对自己说，我要养成好习惯，我要全心去执行。"

**经典案例**

在一次诺贝尔颁奖大会上，有人问一位诺贝尔奖获得者："您在哪所大学、哪个实验室学到了您认为是最主要的东西呢？"这位白发苍苍的获奖者回答："是在幼儿园。"提问者愣住了，又问："您在幼儿园学到些什么呢？"科学家耐心地回答："把自己的东西分一半给小伙伴们；不是自己的东西不要拿；东西要放整齐；吃饭前要洗手；做错事要表示歉意；午饭后要休息；要仔细观察大自然。从根本上说，我学到的全部东西就是这些。"

这段对话是耐人寻味的。一个人的行为习惯会影响他的一生，会时时刻刻都在起作用，良好的行为习惯会使人终生收益。正如美国心理学家威廉·詹姆士所言："播下一个行动，收获一种习惯；播下一种习惯，收获一种性格；播下一种性格，收获一种命运。"

如何养成良好的工作习惯呢，则要从大处着眼，从小处着手。

要增强自己的执行能力，克服拖延症。克服拖延症，要明确自己是否符合拖延症，当"拖延"已经影响到情绪，比如，出现强烈自责情绪，强烈负罪感，不断的自我否定、自我贬低，伴生出焦虑症、强迫症等心理疾病时，才能称之为"拖延症"。拖延症是后天形成的，是可以改变的。

自己可以把将要做的事情按照轻重缓急列出来，再把拖延的原因一条条罗列出来，逐条分析，对症下药。比如，先做最紧急最重要的事情，因为这类事情和你的工作是息息相关的，只有处理好了这类事情，才能继续开展其他工作；再做重要但不紧急的事情，重要的事情一般都会有时间范围，自己可以根据自己的时间安排处理此类事情；最后再处理紧急不重要的事情，此类事情如果处理不当的话，可能会影响自己其他事情的处理。

要培养自己较强的自律能力。在企业不同于在学校，有老师会安排好你的时间作息。有些人初到企业实习，除了固定的上班时间之外，其余时间没有人约束，往往会养成不规律的作息和饮食习惯，这样不仅会影响第二天的正常上班，长久下去也不利于自己的身心健康。

大部分学生在实习期，本身专业理论和职业技能掌握得就不够全面，再加上不虚心、不好学、不注重从小事做起，尤其在自律能力和与人交际方面出现的问题较多。如工作不主动，动辄换岗或"跳槽"，也有的人不能和同事和谐相处、及时沟通，在工作中不但不配合，反而产生矛盾，这些都是企业最不愿意看到的现象。虽然都是小事，却为个人的综合素质大打折扣，而且会对周围的人产生不良的影响。这些不良的习惯，习以为常就积习难改了，这对于一个刚步入社会的人来说是相当危险的，面对别人的批评和指责，应该正确加以理解和对待，能勇敢地承认"我错了"意义非常重大，因此，较强的自律能力对一个人的一生来说都是十分重要的。

### 五、学会重点思维

著名的逻辑学家布莱克思曾经说："把什么放在第一位，是人们最难懂得的。"由此可见，分清主次并不是一件容易的事情。进入企业，我们不可能还像在学校一样，只是纯粹地学习书本上的理论知识，或者单纯地锻炼技能。在工作岗位上，常常会有许多紧急、重要的事情在同一阶段等着你处理。

比如说，当办公室电话响了，即使你忙得焦头烂额，也不得不去腾出手来接电话。应该先去做什么事情，把最大精力集中在什么事情上，是我们每接手一项新任务的时候，就应该权衡清楚的。

### 经典案例

卡尔森是一个具有重点思维习惯的人。1968年他加入温雷索尔旅游公司从事市场调研工作。三年以后，北欧航联出资买下了这家公司，卡尔森先后担任了市场调研部主管和公司部门经理。由于他熟悉业务，并且善于解决经营中的主要问题，使得这家旅游机构发展成瑞典一流的旅游公司。卡尔森的经营才能得到了北欧航联的高度重视，他们决定对卡尔森进一步委以重任。航联下属的瑞典国内民航公司购置了一批喷气式客机，由于经营不善，连年亏损，到最后连购机款也偿还不起。1978年，卡尔森调任该公司的总经理。担任新职的卡尔森上任不久，就抓住了公司经营中问题的症结：国内民航公司所订的收费标准不合理，早晚高峰时间的票价和中午空闲时间的票价一样。卡尔森将正午班机的票价削减一半以上，以吸引去瑞典湖区、山区的滑雪者和登山野营者。

此举一出，很快就吸引了大批旅客，载客量猛增。卡尔森任主管后的第一年，国内民航公司即扭亏为盈，并获得了丰厚利润。

卡尔森是善于重点思维的典范。成功人士遇到重要的事情时，一定会仔细地考虑：应该把精力集中在哪一方面呢？怎么做才能使我们的收益和投入比最高呢？

从重点问题突破，是成大事者的思考习惯之一，因为没有重点的思考，等于毫无主攻目标，所以要学会重点思维。

正确的思维方法包含了两项基础：第一，必须把事实和纯粹的资料分开；第二，事实必须分成两种，即重要的和不重要的，或是有关系的和没有关系的。

在达到主要目标的过程中，你所使用的所有事实都应该是重要而有密切关系的，而那些不重要的则往往对整件事情的发展影响不大。如果能正确理解这种现象，那么机会与能力相差无几的人所做出的成就将会大不一样。

那些有成就的人都已经培养出一种习惯，就是找出并设法控制那些最能影响他们工作的重要因素。这样一来，他们也许比一般人工作得更为轻松愉快。

由于他们已经懂得秘诀，知道如何从不重要的事实中抽出重要的事实，所以，他们等于已为自己的杠杆找到了一个恰当的支点，只要用小指头轻轻一拨，就能轻松完成那些沉重的工作。

只有养成了重点思维的习惯，才能在实际工作中避免眉毛胡子一把抓，从而取得良好的成绩，赢得成功。

### 六、量力而行，脚踏实地

人生有许多成长发展的阶段，必须立足实际，量力而行，循序渐进。就如同小孩子一样，只有先学会翻身、坐稳、爬行，然后才能学会走路、跳跃和跑步。这其中，每一个步骤都是不能省略的。同样，人生的各个阶段都是循序渐进的，了解这一原则，才能够少走弯路，按照人的发展规律去做事。

只有踏踏实实，一步一个脚印，才能达到目标。如果一味地好高骛远，目标太偏于实际，在学习中，这个不愿意学，那个不愿意去做；在工作上，这个不愿干，那个不愿意去尝试，或者认为周围一切都在为难自己，最终的结果只能是造成自己和他人格格不入，脱离现实，自己的目标也只能成为"海市蜃楼"，永远难以达到。

### 实践活动

#### "传承工匠精神，成就出彩人生"主题演讲比赛

【活动主题】

传承工匠精神，成就出彩人生。

【活动目的】

通过以"传承工匠精神，成就出彩人生"为主题的演讲活动，深刻理解工匠精神的时代内涵，表达学生在践行工匠精神过程中的行动、收获和感悟。

【赛前准备】

1. 做好充分的宣传工作，吸引学生积极参加。
2. 邀请评委，初赛邀请有经验的文化课教师，复赛邀请相关老师担任评委。
3. 提前安排好初赛、复赛时间，提前布置会场，准备好评委打分的纸笔和计算工具。
4. 联系宣传部及组织部做好赛前赛后报道宣传工作及摄影工作。
5. 做好分工，明确分配任务，责任到人。

【参赛要求】

1. 以班级为单位参加，每班至少推荐2人参加初赛（限定在一定时间内各班上报参赛名单）。
2. 初赛演讲中尽量脱稿，复赛演讲中要求必须脱稿。
3. 参赛作品积极向上，要求普通话标准。
4. 参赛者具有一定的语言表达能力，感情丰富。
5. 所选作品体裁不限，切合主题，内容积极向上，具有时代气息，体现当代学生风采。
6. 演讲时间3~5分钟，若有配乐或PPT，请提前准备。

【比赛流程】

1. 评委及嘉宾入场，主持人致辞。
2. 主持人宣布比赛规则并介绍各比赛选手。

3. 选手介绍自己。

4. 比赛完后,评委代表发言,工作人员进行统分。

5. 宣布比赛结果。

6. 主持人宣布比赛结束,全体工作人员、嘉宾、评委、选手合影留念。

【评选细则】

1. 评分采取百分制(见附表)。

2. 评委本着公平、公正、公开的原则进行评比。

3. 每位同学演讲后,评委对其进行打分,实行百分制,分数取平均分。

【奖项设置】

本次比赛将设定 9 个获奖名额,所有参赛选手均有纪念奖一份。分别为:

一等奖一名;

二等奖二名;

三等奖三名;

最佳风度奖一名;

最具幽默奖一名;

最佳语音奖一名。

【演讲比赛评分标准】

评分标准见表 7-1。

表 7-1 评分标准

| 评分内容 | 评分标准 | 满分(100) | 得分 |
| --- | --- | --- | --- |
| 演讲内容 | A. 观点正确、鲜明,主题深刻 10 分;B. 选材得当,材料典型、充分 5 分;C. 角度新颖,紧密围绕主题,针对性强 5 分;D. 逻辑严谨,结构清晰,语言生动,说服力强 10 分 | 30 分 | |
| 言语表达 | A. 语音:普通话标准,吐字清晰、流畅、自然 15 分;B. 语调:停顿运用得当,抑扬顿挫,切合演讲内容 15 分;C. 语速:语速恰当,节奏富于变化 5 分 | 35 分 | |
| 神情姿态 | 姿态、动作、手势、表情准确,灵活地表达演讲内容和思想感情,自然,直观 | 20 分 | |
| 仪表形象 | 服装正式、得体,精神饱满,举止从容 | 10 分 | |
| 演讲时间 | 时间 3~5 分钟(严重超时或少时的给予扣分) | 5 分 | |

# 第四节　提升工匠精神从本职工作出发

当我们在工作中取得了一点成绩，哪怕只是一份报表、一组数据、一条合理化的建议，都是我们辛勤劳动的成果，我们都为此付出了自己的心血和智慧。而在工作中得到肯定后的满足感和自豪感是无法被其他事情所取代的，工作会让我们的人生变得有意义。

其实，这也是工匠们不断雕琢自己的产品，不断改善自己的技艺，沉醉和痴迷于他们所做的工作的根本原因。他们享受作品在自己的手中成型、臻于完善的过程，享受这种创造和追求的过程带给自己的快乐和满足感。

工作是充满快乐和乐趣的，工作的乐趣是增添生命味道的食盐，是人生的快乐之一。传承工匠精神，像工匠对待自己的手艺一样对待自己的工作，我们也能像工匠一样，享受产品在手中渐渐精美的过程，获得创造的乐趣，从爱上工作出发，会让你的人生充满惊喜。

职业价值观是人们对职业和劳动岗位总的看法。正确的职业价值观主要表现在为社会做贡献和实现个人人生价值两个方面。社会上的每一种职业，都是社会做贡献的整体事业的部分，不同的职业岗位，确实存在着社会声誉、经济报酬、福利待遇、劳动条件、发展机会等种种差异。因为人们生活环境、生活道路、思想水平、兴趣、性格、能力等诸多方面的不同，所以，在择业时往往表现出不同的职业价值观念。但是，正确的择业观念应建立在为社会尽职尽责，实现真正的人生价值上。

"职业无高低贵贱之分"，每个职业，每个工作岗位都是在凭借自己的劳动获得社会的认可。劳动是辛苦的还是快乐的？站在不同的角度体验劳动，得出的结论很可能不一样。但谁也不能否认，劳动是创造物质财富和精神财富的源泉。无论是脑力劳动还是体力劳动，归根结底，都是在用劳动体现自己的意义，创造价值。

有了正确的职业价值观，还要树立正确的择业观。按照自己的职业理想合理地选择自己所要从事的工作岗位。社会需要各式各样的人才，无论是接受职业教育的人才，还是拥有实践经验的应用型技能人才都是社会所需的。所以，要充分了解社会需求，衡量自我的能力，以发展的眼光注意研究职业的演变和发展趋势，不断充实自我，开拓进取。任何职业、任何岗位都不会埋没人才，关键在于自己如何对待自己的岗位和职业，一丝不苟，精益求精，都会在平凡的工作岗位上做出不平凡的业绩，铸就职业辉煌。

## 一、角色与责任同在

每个人生下来都被赋予了不同的角色。在家里是子女，我们长大后有赡养父母的责任。在学校是学生，我们有努力学习、做个好学生的责任。在社会上是公民，有遵纪守法的公民责任。在某些情况下，我们还负有道义上的责任，如信守诺言、见危相救、见义勇为，等等。不同的角色都承担着不同的责任。

作为企业员工，一定要对自己的产品负责。当今企业，无不希望每一位员工都用高度的责任感和敬业态度来完成工作，能够站在公司的立场来考虑问题，真正承担起岗位的责任，承担起一位公司员工应该承担的责任。

如何在自己的工作岗位上增强责任感呢？

首先要将自己真正融入企业之中，对企业有真正的认同感。同意并执行企业的规章制度和文化条例。

其次，要杜绝一种错误的思想——害怕自己"吃亏"，只想多获取，而不愿多付出。要知道，收获和付出永远是成正比的。世界上没有不劳而获的事情，天上也不会无缘无故掉"馅饼"。

最后，要树立正确的价值观。认真对待工作中的每一件事，并把它当成使命，你就能发掘自己特有的能力，即使是烦冗复杂的工作，你也能从中感受到价值，在完成使命的同时，你的工作也会真正变成一项事业。大国工匠们之所以能够取得骄人的成绩，大抵都是因为怀揣着不忘初心、只为做出好产品的想法。

## 二、探索工作的价值

工作不仅仅是一种换回物质利益的行为，更是一种生命态度和价值的呈现过程。可以毫不夸张地说，工作是人安身立命之本，幸福之源。

乔布斯曾说："工作将占据你生命中相当大的一部分，从事你认为具有非凡意义的工作，方能给你带来真正的满足感。而从事一份伟大工作的唯一办法，就是去热爱这份工作。"

许多学生刚刚毕业，踏上工作岗位，由于还没有完成从学生向员工的身份转变，没有适应职场需求，便已经萌生了"工作是痛苦的"这样的想法，频繁更换工作岗位，甚至有了逃避的念头。这种做法是非常不可取的。

对于职场新人而言，首先不要判断这份工作是不是适合你，而是要改变自己去适应工作。因为每一份工作，对刚踏上社会的新人而言，都是一次风雨的历练，都是一次得到成长、成熟的机会。你会在这份工作中获得宝贵的经验、良好的训练，得到展现才能的机会，逐渐形成你的职场品格，并得到提升的机会。

**经典案例**

丁宁在一家公司担任行政助理，其实就是做一些整理材料的杂务。许多人都觉得这样的工作枯燥无味，根本学不到什么东西，而且薪水又低。但是丁宁还是很热爱自己的这份工作，每天都很认真地对待工作，非常努力地把一切都安排得井井有条。

除了做好自己的本职工作，丁宁还主动从这些资料中梳理出对公司有用的信息，并且分门别类地整理好，然后运用她学习过的有关财务方面的知识，想方设法地为公司开源节流。后来，她经过一段时间的分析整理，做了一份非常详细的资料，为公司的财务方面提出了许多好的建议。

老板看了丁宁的材料后，大吃一惊，没想到自己身边一个普通的员工竟然还有这样的才能。老板对她的建议非常赞赏，并吩咐财务部门马上施行，老板从此对她刮目相看，半年之后，就让她担任一个部门的经理。

你对生活投以鲜花，生活也会对你微笑，工作也是一样。如果能够让自己发自内心地爱上这份工作，那么你得到锻炼和收获的过程将会是非常愉悦的。如果你选择了某个行业，选定了某个岗位，那么就应该接受它的全部，因为完美的工作是不存在的，每个人对待工作的心态也是不一样的。就像匠人一样，在自己的工作岗位上不断磨炼自己的技艺，雕琢自己的产品，终究会发光发亮，赢得世人的尊重和敬意。

这个时候，你不仅得到了物质层面的回报，更重要的是得到了精神层面的富足。只有好好工作，才会有充实自我、表达自我的机会。从爱上工作出发，因为工作的质量决定你生活的质量。

 **实践活动**

工匠精神小品剧大赛活动方案

【内容设定】

每个人都想知道10年后或者20年后的自己是什么样的。有的人10年后也许会是一名高级蓝领，整日在图纸上勾勒大厦蓝图；有的人10年后会是一名出色的企业家，享有一定的知名度，大家提起他的产品会啧啧称赞；有的人也许已经成了大厨，游刃有余地教授着徒弟技艺；等等，无论在什么工作岗位上，通过认真践行工匠精神，都会取得一番成绩。

【参与人员】

每5个人分为一个小组，假设自己10年后的角色，进行角色扮演，并讲述自己10年来的奋斗历程。

【参与时间】

每组人员表演时间为3~5分钟。

【参与要求】

新颖活泼，充满正能量，体现工匠精神。

【评选方法】

以老师或班委为代表的5人为评委组，选出最优秀的小品3组，并给予一定表扬和奖励。

【活动目的】

通过小品剧模拟表演，深刻体会工匠精神在个人发展中的重要性。明白职业理想和实际行动的关联和重要性。

【活动总结】

活动结束后，谈一谈自己观看和表演小品剧的感受，想想自己要实现理想，还需要做哪些努力，在以后的学习和工作中，如何以工匠精神要求自我，并落实到具体行动中。

# 第八章　做自立自强的自我管理者

### 📖 学习导读

　　毕加索是世界著名的画家、雕塑家，也是现代艺术（立体派）的创始人、西方现代派绘画的主要代表。帕洛玛作为毕加索的女儿，只要她亮出父亲这一"护身符"，就能轻而易举地做她想做的事情。但是，帕洛玛并不想依靠她的"名人爸爸"来抬高自己的身价，她在18岁的时候换姓，靠自己打拼，经过不懈的努力和坚持，她终于成为一名服装、珠宝设计师。因为自立，她成功了。

　　倘若你是一棵瘦弱的小树，有一天，沙尘暴来了，你是躲到大树身边避险，还是咬着牙紧紧扎根在地里？

　　选择前者，固然更安全，但是沙尘暴还有可能再来，那么下一次你找谁、靠谁呢？选择后者，虽然刚开始会面临危险，但是如果你挺过这一次，那么你就一定能挺过下一次。

　　一味地依赖别人是行不通的，总有一天你要独自面对陌生的环境和生活。花盆里长不出苍松，鸟笼里飞不出雄鹰。如若不想做温室里的花朵，那就勇敢地出发，勇闯天涯吧！

　　劳动是自立的根本途径。从某种意义上讲，自立教育和劳动教育是高度统一的，自立不能没有劳动，劳动使自立成为可能。

## 第一节 起居有序

在日常生活中养成做家务的习惯,保持屋舍整洁,物品井然有序,过一种"有序"的生活,能让我们容光焕发、心情舒畅,对我们的学习和工作有很大的促进作用。

### 一、作息规律

研究表明,科学、合理、规律的作息能提高人体的免疫力,降低疾病发生的概率。在安排作息时间时,可参考表8-1。

表8-1 作息时间表

| 时间段 | 作息安排 |
| --- | --- |
| 6:30~7:30 | 起床伸展腰肢,呼吸新鲜空气,喝杯温水,为一天的工作做好准备 |
| 7:30~9:00 | 吃早餐。这个时候时间再紧也要吃早餐,因为它可以帮助我们维持血糖水平的稳定,为上午的工作补充能量 |
| 9:00~11:00 | 这个时间段是工作和学习的第一个黄金时期。大部分人在这两小时内头脑最清醒、思路最清晰,因此可以开展工作和学习中较困难的部分 |
| 11:00~12:00 | 吃点水果。在经过一上午的工作和学习后,我们的血糖会有一些下降,可能导致无法专心工作。此时可以吃点水果,及时补充血糖 |
| 12:00~13:00 | 吃午餐。丰富的午餐能为身体增添能量,以保证身体的能量所需 |
| 13:00~14:00 | 午休。每天保证30分钟的午休会使人精力充沛,还能起到保护心脏的作用 |
| 15:00~17:00 | 这个时间段是工作和学习的第二个黄金时期。此时身体和大脑都处于一天的巅峰状态,应该做细致而密集的工作 |
| 18:00~19:00 | 吃晚餐。晚餐应该多吃蔬菜,少吃富含卡路里和蛋白质的食物。同时要注意,晚餐应少吃,吃太多会引起血糖升高,并增加消化系统的负担,影响睡眠 |
| 19:00~21:00 | 可根据个人需求进行体育锻炼,这样既可以消耗晚餐热量,也能轻松瘦身 |
| 20:00~22:00 | 看书或休息 |
| 22:30 | 上床睡觉。每天应尽量保证8小时的充足睡眠 |

## 二、设施整洁

### （一）扫地拖地

#### 1. 扫地小技巧

（1）清扫室内地面宜用按扫的方式，即扫地时扫帚尽量不离地面；挥动扫帚时，可稍用力向下压，这样既能把灰尘、垃圾扫净，又能防止灰尘扬起；清扫时一般采用从狭窄处扫向宽广处、从边角处扫向中央处、从屋里扫向门口的清扫顺序。

（2）地上头发多时，可将废弃的旧丝袜套在扫帚上扫地。由于丝袜会和地面产生静电效应，很容易就能吸附起地上的毛发和灰尘。如果没有丝袜，塑料袋也可以起到同样的效果。

（3）清扫楼梯时，可以站在下一阶，将垃圾从左右两端扫至中央再往下扫。这样能有效防止垃圾、灰尘从楼梯旁掉下去。

（4）清扫室外区域时，应顺着风向扫，以免扫好的区域被再次刮脏。

#### 2. 拖地小技巧

（1）巧用食盐。用温水加上食盐拖地，不仅能加快地上水分的蒸发速度，还不留水渍。另外，用盐水拖地还能杀菌、抑菌。

（2）巧用洗洁精、醋和小苏打。在擦洗地板的水中加入少量洗洁精、醋或小苏打擦洗地板时不仅能轻松除尘，还能有效去油污。

（3）巧用柠檬汁。柠檬汁中的烟酸和有机酸具有杀菌作用。拖地的时候，在水里放少量柠檬汁或柠檬精油，既能有效杀菌，还能保持空气清新。

### （二）门窗除垢

首先清洁门窗边框。清洁时，应先用废旧牙刷或专用的小刷子清理缝隙里的污渍，再整体擦拭门窗边框。

然后清洁玻璃。清洁玻璃时，第一遍用湿布擦拭，第二遍用干报纸擦拭。用干报纸擦拭不仅可以擦干玻璃上的水分，还能避免在玻璃上留下痕迹，让玻璃更加干净明亮。对于有纱窗的窗户，可不定时用湿布擦拭纱窗，避免纱窗上堆积灰尘。

## 三、物品井然

（1）按照使用频率分类收纳物品，即常用的物品放在显眼处，不常用的物品收纳在柜子内。例如，厨房内台面上放置油、盐、酱、醋等常用物品，备用油、盐等放在橱柜中；将每天使用的拖鞋置于易拿取处，换季的鞋子放在不易拿取处；将每天出门需要换的衣服、帽子等挂在随手可拿的地方，换季的衣服放在柜子里或收纳箱中。

（2）借助收纳盒。厨房的抽屉内，可配置大小合适的分餐盒，将筷子、勺子等分别置于其中；书桌的抽屉内，可以借助不同的小盒子划分区域，使小物件井然有序。

（3）垂直收纳，即利用家或寝室内空着的墙面收纳物品。例如，在书桌的上方放置两层或者三层的隔板架，在厨房墙面悬挂收纳篮，等等。

（4）利用好角落空间。沙发、餐厅、卧室等地的角落是很好的收纳空间，好好利用这些角落空间（如放置移动的收纳架），不仅不会使我们的住处显得拥挤，还会营造出一种特别的美感。

### 四、其他常识

#### （一）冰箱清洁

在使用冰箱的过程中，应定期对冰箱进行清洁（每年至少两次）。清洁冰箱时要先切断电源，然后再用软布蘸上清水或洗洁精沿着冰箱内壁轻轻擦拭。为防止损坏冰箱涂层和塑料零件，请勿使用洗衣粉、去污粉、开水、刷子等清洗冰箱。

对于冰箱内可拆卸的部件，应拆下后用清水或洗洁精清洗。

清洗完冰箱主体和各种部件后，不要着急关闭冰箱门，应待冰箱内彻底干燥后，再关闭冰箱门，并插上电源。

#### （二）床上用品清洁

床上用品会与皮肤直接接触，平时要注意床上用品的清洁。一般来说，床上用品的清洗间隔应根据季节来判断。夏季建议一周清洗一次，冬季建议两周清洗一次。清洗时，最好挑一个晴朗的天气，以便清洗完的床上用品能够接受紫外线的照射，从而有效清除细菌和螨虫。

## 第二节　洒扫庭除

党的十九大将"美丽"作为社会主义现代化强国的限定词之一，提出为把我国建设成为富强、民主、文明、和谐、美丽的社会主义现代化强国而奋斗。

地球是人类的家园，我们应该时刻做好清洁与美化。作为学生的我们，以校园环境为例，应该从哪些方面入手呢？

### 一、室内的清洁与美化

校园的室内空间一般指教室、寝室、实验室、图书馆、会议室、资料室、档案室、机房、仓库、接待室等，需要清洁美化的地方主要有天花板、墙面、床铺、黑板、门窗、玻璃、桌椅、柜子、讲台、地面等。室内清洁的主要内容见表8-2。

表 8-2　室内清洁的主要内容

| 检查 | 进入室内,先查看是否有异常现象,如有无损坏的物品等。如发现异常,应先向有关部门报告后再清洁与美化 |
|---|---|
| 除尘 | 除尘要按照先里后外、先上后下、先窗后门、先桌面后地面的顺序。先清扫天花板、墙面上的灰尘和蜘蛛网,再清除窗户、门面的灰尘,实验器材、桌椅等物品挪动后要复原 |
| 清理顺序 | 从门口开始,由左至右或由右至左,依次擦拭室内桌椅、柜子、讲台和墙壁等。抹布应拧干,擦拭每一件物品时,应由高到低、先里后外。擦墙壁时,重点擦拭门窗、窗台等。操作时,先将湿润的毛巾(干净的)装在伸缩杆顶部,沿顶部平行湿润玻璃,然后在湿润其他部分的玻璃。再用干净的抹布擦干净窗框及窗台,最后用干燥的无毛的棉布擦干净玻璃四周和中间的水珠。大幅墙面、天花板等的清洁应定期清除(如每周清洁一次) |
| 整理 | 讲台、桌面、实验台上的主要物品,如粉笔盒、粉笔擦、试验器具等抹净后,按照原位摆放整齐 |
| 清倒 | 清倒室内的纸篓、垃圾桶 |
| 更换 | 收集垃圾并更换垃圾袋 |
| 关闭 | 清扫结束后,环视室内,确认清扫质量 |

### 知识链接

#### 室内清洁质量标准

室内整洁干净无灰尘,纸篓垃圾桶肚子空空。桌面无乱涂乱画痕迹,桌椅设备摆放很整齐。墙面无张贴张挂乱象,地面没有污迹和垃圾。窗户明亮空气更清新,心情舒畅学习有效率。

在美化室内环境时,应充分考虑教室、寝室等充当的角色。如教室的美化应以宽敞、简洁、有朝气为主,寝室的美化应以温馨、舒适为主。下面以寝室为例介绍室内美化主要考虑的因素。

寝室的美化主要考虑的因素如下:

第一,简单、大方。寝室的空间有限,所以在美化寝室时,不必放置太多的东西。

第二,温馨、舒适。寝室是放松、休憩的地方,在美化时,可考虑烘托一种温馨、舒适的气氛,让寝室充满家的温暖气息。

第三,突出文化气息。寝室除了充当休息的场所,有时还充当学习的场所,所以在布置寝室时,应充分考虑其色彩、风格,营造一种安静、舒适的学习环境。

> **劳动技巧**
>
> **美化寝室小技巧**
>
> 衣柜篇：学校寝室里的衣柜一般为直通式，没有隔断，在放置衣柜时往往会浪费较大的空间。基于此种情况，可以在衣柜中多使用一些衣柜隔板，把衣柜分成若干区域，此外还可以安装一些收纳挂筐，这样不仅能将收纳的物品分类，还能增加衣柜的实际可用容积。
>
> 桌面篇：在进行桌面美化时，一方面要考虑将不常用的物品收纳起来，另一方面还要考虑将桌面有限的面积发挥出更大的使用价值。具体可参考这两种方法：一是网格板收纳，将网格板放置在桌面墙上的边上，不仅能将一些小东西归纳整理好，同时网格板也能起到很好的装饰作用；二是桌下挂篮，桌下挂篮的空间较大，能放置很多的东西。
>
> 床边篇：床边挂篮和床边挂袋是非常实用的收纳工具，其面积较大，能放置水杯、书本、纸巾等一些物品，有效避免了学生爬上爬下取东西的麻烦。在美化寝室时，应尽可能多地采用一些创意要点，如通过一些装修、设计风格彰显不同的文化，通过"变废为宝"，把牛奶瓶、废纸张等垃圾转变为笔筒等手工艺术品。

## 二、室外的清洁与美化

室外主要包括公共卫生间、校园道路、操场等场所。

公共卫生间、校园道路、操场等场所需要清洁的地方主要有天花板、墙面、窗户、门面、镜面、蹲位、地面、拖把池、洗手盆（台）、人行路、机动车道等。室外清洁见表8-3。

表8-3 室外清洁

| | |
|---|---|
| 天花板清理 | 用长柄扫帚清扫天花板、墙面、墙角等处的蜘蛛网和灰尘 |
| 门窗、墙面清理 | 用湿抹布配合保洁刷清洁玻璃、镜面和墙面上的污迹 |
| 蹲便池、小便池清理 | 先用夹子夹出便池里杂物，然后冲水，再倒入洁厕剂泡一会儿，再用刷子刷洗。蹲便池、小便池的内外面均应冲洗，并检查冲水是否正常，有无堵塞等情况 |
| 洗手盆（台）清理 | 用清洁剂和百洁布擦洗洗手盆台。从左到右抹干净台面，用毛巾从上到下擦拭镜子，水龙头也要清洗干净，保持光亮 |
| 安排清理任务 | 根据劳动课安排进行分组、分路段、分区域。明确清扫范围，合理安排清理垃圾、树叶等任务 |

续表

| | |
|---|---|
| 分时段收集垃圾 | 每天采取分时段收集沿路垃圾，做到定时清扫、及时堆放、及时运送，做到不慢收、漏收 |
| 清扫道路、操场 | 利用竹扫帚，对校园道路、操场进行全面清扫。要做到"六不""三净"，即不花扫、漏扫；不见积水（无法排除的积水除外）；不见树叶、纸屑、烟头；不漏收堆；不乱倒垃圾（一律送到中转站）；不随便焚烧垃圾 |
| 将垃圾送往中转站 | 进行路面清扫时，垃圾收集应及时送往中转站，严禁将垃圾倒在道路两侧绿化带里或随便乱倒，严禁焚烧垃圾 |
| 坚持做到"三个一样" | 校园路面清扫要做到：晴天与雨天一个样；主干道与人行道一个样；检查与不检查一个样 |
| 更换 | 收集垃圾并换垃圾袋 |

**知识链接**

### 室外清洁的质量标准

天花板面无蜘蛛，墙壁墙角无灰尘。镜面玻璃干净明亮，地面台面无水迹。厕所内外无臭味，道路平整无垃圾。道路灯杆无张贴，绿地平整无缺憾。

在对公共卫生间、校园道路、操场等场所进行美化时，可采用以下措施。

第一，点香薰。在公共卫生间点香薰，不仅可以祛除异味，还可以在夏天消灭蚊虫。需要注意的是，香薰的有效期为六七天，故每隔一周可更换一次。

第二，放绿植。在公共卫生间门口、校园道路两旁放置绿植，可极大地净化空气、美化环境。

第三，排设施。操场内的运动场所，如乒乓球台、篮球场，以及其他运动设施，在进行布置时，一定要做到井然有序。

第四，种花草。在校园空旷地区，可一定程度地多种花草树木，但在栽种时，一定要选择无刺激性气味、少毛无刺，具有形象美、色彩美，或具有特定的历史、文化内涵的品种。

## 第三节 学厨学德

俗话说，"民以食为天"，可见饮食对人们的生活至关重要。随着现代生活水平的不断提高，人们对饮食要求也越来越高。这时我们就要养成健康的饮食习惯，合理膳食。

随着我国经济的不断发展，人们生活水平的提高，人们也开始越来越重视生活质量，追求健康的饮食。

## 一、饮食文化与健康

### （一）饮食文化概述

饮食文化是指特定社会群体的食物原料在开发利用、食品制作和饮食消费过程中的技术、科学、艺术，以及以饮食为基础的习俗、传统、思想和哲学，即由人们饮食生产和饮食生活的方式、过程、功能等结构组合而成的总和。

饮食文化涉及食源的开发与利用、食具的运用与创新、食品的生产与消费、餐饮的服务与接待、餐饮业与食品业的经营与管理，以及饮食与国泰民安、饮食与文学艺术、饮食与人生境界的关系等。从外延看，饮食文化可以从时代与技法、地域与经济、民族与宗教、食品与食具、消费与层次、民俗与功能等多种角度进行分类，展示出不同的文化品位，体现出不同的使用价值，异彩纷呈。中国饮食不但讲究"色、香、味"俱全，而且还讲究"滋、养、补"的特点。而随着社会的发展，菜式越来越丰富，吃法也是越来越多样，饮食文化也越来越多样。

> **知识链接**
>
> **中华饮食文化特点**
>
> 中华饮食文化博大精深、源远流长，在世界上享有很高的声誉，其特点包括以下方面。
>
> （1）风味多样。我国一直就有"南米北面"的说法，口味上有"南甜北咸、东酸西辣"之分，主要是指巴蜀、齐鲁、淮扬、粤闽四大风味。
>
> （2）四季有别。中国人善于根据四季变化搭配食物，夏天多吃清淡爽口食物，冬天多吃味醇浓厚食物。
>
> （3）讲究美感。中国人吃食物不仅讲求味，还讲究欣赏之美，即无论是红萝卜还是白菜心，都可以雕出各种造型，另外还讲究食材、食具，以及环境的搭配与和谐。
>
> （4）注重情趣。中国人喜欢给食物取富有趣味的名字，如"炝凤尾""蚂蚁上树""狮子头""叫花鸡"等。
>
> （5）中和为最。《尚书·说命下》中有"若作和羹，尔惟盐梅"的名句，意思是要做好羹汤，关键是调和好咸（盐）酸（梅）二味。中和之美是中国传统文化最高的审美理想。

### （二）饮食文化与健康的关系

饮食与健康息息相关。我们生活中所需的水分、蛋白质、矿物质及微量元素等绝大多数都来自于饮食,人们通过食物的摄取来满足人体新陈代谢的需要,使人体处于健康状态。日常饮食主要有蔬菜、水果、肉类。蔬菜含有丰富的维生素和矿物质,有调剂饮食、增进健康等作用。水果含有大量水分和维生素,有清热、止渴、健胃、降低胆固醇等作用。肉类含有大量蛋白质、脂肪、氨基酸等,有降低胆固醇、增强抵抗力、御寒保暖等作用。只有合理饮食,才能保证身体所需的各种营养元素,保证日常生活的正常进行。

> **知识链接**
>
> ### 食物的功效
>
> 这些食物的功效,你真的了解了吗?
>
> 辣椒:辣椒含有丰富的维生素C,在补充营养的同时,还能刺激唾液及胃液的分泌,有健胃和祛除体内不良气体的作用。外用能使皮肤局部血管起反射性扩散,促进局部血液的循环治疗冻疮。
>
> 木耳:木耳有清肺益气、补血活血、阵痛的作用。
>
> 杨梅:杨梅能治痢疾、中暑等。
>
> 苹果:苹果富含维生素B、维生素C、镁、钙等,能够增强免疫力,降低血压。
>
> 柚子:柚子富含胡萝卜素、维生素$B_1$、维生素$B_2$、维生素C、钙等,能够化痰止咳、健胃消食、消肿止胀。
>
> 鸭肉、鹅肉:鸭肉、鹅肉虽然富含脂肪,但因其分子结构接近橄榄油,故其不仅不会使血脂升高,相反还能降低胆固醇。
>
> 带鱼:带鱼鱼鳞含有较多卵磷脂和不饱和脂肪酸,有增强记忆力和美肤的作用。
>
> 鲤鱼:鲤鱼的营养价值很高,含多种蛋白质、游离氨基酸、维生素、钙、铁等。

## 二、烹饪家常菜肴

学会烹饪家常菜肴,不仅能帮助我们培养勤俭持家的好品质,还能让我们养成良好的生活习惯。常见的家常菜肴包括红烧豆腐、茄子豆角、番茄炒蛋、炒五花肉、辣子鸡丁等。下面介绍两种家常菜肴的烹饪方法。

### (一) 红烧豆腐

主料:豆腐,蒜苗。

辅料:食用油、食盐、酱油、蒜瓣、水淀粉、豆瓣酱适量。

做法:

(1) 将蒜苗洗干净,切成段,将大蒜切成蒜末,将豆腐切成小丁,将豆瓣酱剁细。

(2) 热锅放油,油温之后,放豆瓣酱炒香,接着放蒜末至炒香。

(3) 加少量开水,调入适量酱油和盐,放豆腐烧制,轻翻,使豆腐均匀入味。

(4) 等水快收干时,加青蒜苗梗部,继续烧制。

（5）倒入一半水淀粉，推匀，再加青蒜苗叶部，倒入另一半水淀粉，推匀，烧一会儿，关火即可。

### （二）茄子烧豆角

主料：豆角，茄子。

辅料：食用油、食盐、生抽、鸡精、蒜瓣、红辣椒各适量。

做法：

（1）茄子、豆角洗净切成约5厘米长，将红辣椒、蒜切碎。

（2）待锅烧热后倒入较多食用油。

（3）倒入豆角，豆角炒熟后倒入茄子，快速翻炒约2分钟。

（4）至茄子稍微变软后将其和豆角一同盛出备用。

（5）锅洗净，重新下少许油烧热，倒入蒜末炒香，加入红辣椒，转中小火。

（6）倒入茄子和豆角，加入适量食盐、生抽、鸡精，快速翻炒即可。

**拓展阅读**

#### 劳动是实现梦想的阶梯

劳动创造了世界，也创造了人本身。从古至今，人们一直赞美劳动、反对不劳而获。在《诗经》中，劳动人民把剥削者称为"硕鼠"，质问其"不稼不穑，胡取禾三百廛兮"。劳动既是立身的根本，也是评判人生价值的重要标准。一个人为社会创造的物质精神财富越多，人生价值就越丰富。

"劳动是世界上一切欢乐和一切美好事情的源泉。"人的一生离不开劳动，不仅出于生存需要，还因为它能带来充实和愉悦的心灵体验。陶渊明有诗云："种豆南山下，草盛豆苗稀。晨兴理荒秽，带月荷锄归。道狭草木长，夕露沾我衣。衣沾不足惜，但使愿无违。"劳动让诗人在精神上得到满足，生命亦因劳动而更美。今天，靠双手实现梦想、用劳动创造价值，正是每一名劳动者内心的真诚信仰。笔者曾听一名退休工人说："我在厂里上班几十年，辛苦又充实，在家闲着反而难受。继续快乐地劳动，就是自己晚年最大的心愿。"朴实的话语中，蕴含着人们对人生价值的深刻理解、对劳动之美的真切感悟。幸福不会从天而降，但劳动可以让梦想成真。把劳动当作实现梦想、人生出彩的阶梯，这样的精神世界必定是充盈的、快乐的。

劳动成就梦想，离不开知识的浸润和滋养。新时代，知识正以前所未有的速度重塑着劳动形态，职业规划师、数据工程师、职业电竞选手、网络主播等新兴职业如雨后春笋般涌现……呼唤创造力的行业正在扩张，知识与劳动结合得更加紧密。当此之时，我们更应通过完善制度来营造尊重劳动、尊重知识、尊重人才、尊重创造的良好氛围，让劳动创造成为每一个中国人的精神底色。如此，定能焕发实干兴邦的劳动热情和创造激情，为实现中华民族伟大复兴中国梦提供源源不竭的力量。

（资料来源：《江西日报》，有改动）

### 实践活动

**项目1：记录我的作息时间**

良好的作息习惯对健康的体魄有着举足轻重的作用，作息习惯常用时间来记录，以证明在某一时间段某人所做的事情。现以"我的作息时间"为主题开展评比活动，要求每人记录的作息时间为一周，且需真实，并以班级为单位，选出最佳作息时间记录表。

我的作息时间记录表：_____
_____

还需改进的地方：_____
_____

**项目2：作品展示——我的寝室，我的家**

寝室作为我们在学校的"家"，十分重要。美化寝室，不仅能让我们有更好的休息场所和学习场所，同时，还能让我们心情愉悦。请以"我的寝室，我的家"为主题，为寝室画出设计图，并以班级为单位，进行寝室设计图评比大赛，评选最优作品。

我的设计图：_____
_____

我的构思：_____
_____

主要优点：_____
_____

**项目3：制作最拿手的面食**

面食种类繁多，常见的有面条、包子、饺子、馒头、油条、抄手等。请动手制作一种你最拿手的面食，并以班级为单位，进行成果评比大赛。此外，收集"面食文化知多少"资料，并和同学相互交流你的感受。

_____
_____

**项目4：开展"衣橱收纳活动"**

此项活动的依据和出发点是，养成良好的收纳习惯，树立物品有序、整齐简约意识；良好的收纳习惯将杜绝购物浪费，树立节约意识，增强生活审美，令人受益终生。从收纳开始，可以增强自我管理、自我约束的能力，锻炼意志力，树立规则意识，促进人的全面发展。

**项目5：母亲节，为妈妈准备一顿营养餐（建议四菜一汤）**

中国饮食文化博大精深、源远流长。做饭既是一种基本生活需求，又是一门学问、一种艺术。一道色香味俱佳的菜肴,不仅令人赏心悦目,还能让人胃口大增,提升生活的幸福感。

请以"母亲节,为妈妈准备一顿营养餐"为主题开展一次实践活动。学生可以根据母亲的喜好,为她准备一顿美味营养餐。要求用PPT或短视频的形式记录过程。

【过程记录】

拟制菜单:_____
_____
_____

获取菜谱:_____
_____
_____

实施难点及解决方案:_____
_____
_____
_____

心得体会:_____
_____
_____
_____

【结果评价】

教师可参考表 8-5 对学生制作的美食营养餐进行评价。

表 8-5 "为妈妈做一顿美味营养餐"活动评价表

| 评价标准 | 分值 | 分数小计 | 教师评价 |
| --- | --- | --- | --- |
| 菜肴营养、健康 | 20 分 | | |
| 搭配均衡 | 20 分 | | |
| 菜式好看、色泽明亮 | 20 分 | | |
| 味道较好 | 20 分 | | |
| PPT 制作精美/视频剪辑精美 | 20 分 | | |

# 第九章　社会实践与志愿服务

## 学习导读

广义的社会实践是人类认识世界、改造世界的各种活动的总和，狭义的社会实践即假期实习或校外实习。这里讲的是狭义的社会实践。

理论联系实际是党的优良传统和作风，教育与生产劳动和社会实践相结合是党的教育方针的重要内容，理论教育和实践教育相结合是大学生思想政治教育的根本原则。

社会实践与志愿服务不仅有助于培养学生的良好思想品德和行为习惯，也体现了全方位的育人意义。通过社会实践活动，学生的体魄受到了锻炼，审美情趣得到了陶冶，劳动观念和劳动技能得到了增强，这些成长与进步迁移到科学文化知识的学习上，有利于促进学生身心健康发展。奉献精神是高尚的，是志愿服务精神的精髓，志愿者通过参与志愿服务，不仅提高了自身的办事能力，同时也促进了社会的进步。

## 第九章  社会实践与志愿服务

知识讲解

## 第一节  主动树立当代大学生的社会责任感

### 一、当代大学生的社会责任感的内涵

一个时代有一个时代的主题，一代青年有一代青年的使命。在社会主义建设时期，把我国建设成为富强、民主、文明的社会主义国家，是我国每个公民应尽的社会责任。我们青年大学生是社会主义事业的建设者和接班人，我们肩负着伟大的历史重任。把前辈开创的事业继续向前推进，振兴中华，实现跨世纪的宏图伟业，这是时代赋予当代大学生的崇高使命。

强烈的社会责任感是一种担当，更是一种责任。大学生是社会发展的主力军，而拥有强烈的社会责任感、主动承担社会责任、履行社会义务是大学生人格健全的一个重要标志。作为大学生的我们，需要对自身负责，努力实现全面发展，对他人、社会、民族和人类负责，最终成为社会的有用之才。大学生的自身责任包括对自己的身体健康、学习、品德、成长、未来负责，他人责任包括对他人、对社会、对国家、对人类负责。这两种责任感相辅相成、相互促进。一个人只有对自己负责才会更好地对他人、对社会负责；也只有对他人、对社会负责，才能领悟人生的意义与价值，才能树立健康向上的自我责任感。因此，爱惜自己的生命、完善自我人格、实现自我价值、关注他人幸福、关注社会和国家的发展、关注全人类及生态文明和谐发展都是大学生应该具备的社会责任感。

### 二、培养当代大学生社会责任感的意义

社会责任感的培育不仅可以健全大学生的人格，也可以不断促进社会的发展。大学生要不断通过各种途径强化自身建设、树立责任意识，使自己成为一个可以为家庭、社会乃至国家做出贡献的有意义的人。

一是实现中华民族伟大复兴的需要。强烈的社会责任感能够提高大学生对其学业的重视程度，不断地开拓、进取。广大大学生作为未来社会的中坚力量，不仅处于自己整个人生阶段的黄金时期，同时也是"两个一百年"奋斗目标完成后的最终受益者，应当走在时代前列，将自身价值的实现融入中国梦的实现，担当起责任，这不但是积极应对国际竞争的需要，也是实现中华民族伟大复兴的中国梦的需要。

二是培养当代大学生新时代家国情怀的必然要求。当今时代，我国正处于社会主义初级阶段，也在不断建设社会主义和谐社会，为青年形成正确的世界观、人生观、价值观营造了良好的社会氛围，新时代家国情怀也使得个人与家庭、个人与民族、个人与国家紧紧地联系在一起。因此，新时代家国情怀的培养可以使当代大学生更好地承担起社会责任。

三是高校思想政治教育创新发展的需要。当代大学生社会责任感培养是高校思想政

治教育的出发点和落脚点，是当代大学生价值观形成的重要基点。思想政治理论课是以培育当代青年的忧患责任感、担当责任感、奉献责任感、使命责任感为前提，不断引导当代青年建立社会责任感的主阵地。对大学生社会责任意识的培养，可以增强其对国家社会和民族的责任感，自觉提高自己的思想道德素质，进而促进高校思想政治教育的创新发展。

四是构建社会主义和谐社会的需要。一个社会是否和谐，一个国家是否稳固，很大程度上取决于这个国家的国民素质和社会成员的责任感。大学生是鞭策社会进步的中坚力量，同时也是实现中华民族伟大复兴的中国梦的栋梁之材。一方面，在大学生的健康成长中，社会责任感的培育是重要的一个环节，是衡量大学生是否成熟的重要标识，也是社会转型的重要前提。另一方面，大学生的专业素质由多种因素组成，社会责任感是其中的一个因素，这一重要因素支撑着大学生成长成才，也是大学生在社会中得以站稳脚跟的重要因素。因此，大学生在实现自我价值时必须具备良好的社会责任感。

五是促使大学生全面发展。责任感作为一种道德品德，是一个人对国家、团体和别人所承担的道德责任。在当今时代，青年大学生被社会主流价值观念时刻影响着，适合大学生发展的机遇和平台也不断增多，使大学生得以更好地发展，因此，大学生只有自身素质高、社会责任感强才能更适合当今社会，才能更好地实现人生价值，不断促进自己成长成才，获得全面发展。

## 三、培养当代大学生社会责任感的方法

### 1. 学校进行正确引导，提升大学生社会责任感培养效果

高校作为培养大学生思想和技能的主渠道，可以从理论学习和实践活动两方面来培育大学生的社会责任感。理论学习方面，要充分应用思想政治理论课来丰富大学生关于社会责任感的相关知识，进一步确保大学生树立正确的世界观、人生观、价值观。实践方面，高校可以为大学生搭建相关的社会实践活动平台，如与图书馆、福利院、青年志愿者协会，以及与本校结对的中小学等合作，让大学生每周参加社会实践活动，以帮助图书馆整理书籍、帮助老人小孩、无偿献血、给中小学生讲一堂生动的课等方式使大学生将理论学习转化为实际行动。理论学习与实践活动相结合，提升培育大学生社会责任感的效果，使大学生将社会责任感内化于心、外化于行，真正地承担起自己的社会责任。

# 第九章 社会实践与志愿服务

> **知识链接**
>
> ## 中国青年志愿者协会简介
>
> **一、概述**
>
> 中国青年志愿者协会（Chinese Young Volunteers Associasion，CYVA）成立于1994年12月5日，是由志愿从事社会公益事业与社会保障事业的各界青年组成的全国性社会团体。本协会通过组织和指导全国青年志愿服务活动，努力弘扬"奉献、友爱、互助、进步"的志愿精神，推动社会主义精神文明建设，促进社会主义市场经济体制的建立和完善，提高青年的整体素质，为经济社会的协调发展和全面进步贡献力量。本协会在宪法和法律许可的范围内开展工作。
>
> 2010年5月，中国青年志愿者协会获得了联合国经济及社会理事会特别谘商地位。
>
> **二、基本任务**
>
> 改善社会风气和人际关系，为发展社会主义市场经济创造良好的社会环境；适应社会主义市场经济发展的需要，推动青年志愿服务体系和多层次社会保障体系的建立和完善；培养青年的公民意识、奉献精神和服务能力，促进青年健康成长；为城乡发展、社区建设、扶贫开发、抢险救灾以及大型社会活动等公益事业提供志愿服务；为具有特殊困难以及需要帮助的社会成员提供服务；规划、组织青年志愿服务活动，协调、指导全国各地、各类青年志愿者组织开展工作；培训青年志愿者；开展与海内外志愿者组织和团体的交流。
>
> **三、团体会员和个人会员**
>
> 中国青年志愿者协会现有团体会员340个，包括常务理事单位38名、理事单位119个。现有个人会员717名，包括常务理事55名，理事224名。
>
> **四、工作机构**
>
> 协会秘书处设在团中央青年志愿者工作部，负责处理协会日常事务。秘书处下设5个部。

**2. 营造良好的社会环境，增强大学生的社会责任感**

大学生社会责任感的组成和发展需要良好的社会环境作为支撑。营造良好的社会环境可以从多方面来进行。首先，可以利用现代媒体的作用来宣传社会责任感，如利用报纸、电视节目、微信公众号、微博等平台，通过在这些平台上开展宣传活动，增强大学生对社会责任感的价值认同；其次，在校大学生的责任认知很容易被大学校园的责任氛围所影响，因此，学校的宣传平台可以定期向大学生传播社会责任相关知识及实例，让学生产生强烈的共鸣；最后，大学生在潜移默化中还会受到教师影响，因此，高校要不断提升教师队伍的素质，给大学生施加正向的影响。

> **拓展阅读**

## 《志愿服务条例》

第一章 总则

第一条 为了保障志愿者、志愿服务组织、志愿服务对象的合法权益，鼓励和规范志愿服务，发展志愿服务事业，培育和践行社会主义核心价值观，促进社会文明进步，制定本条例。

第二条 本条例适用于在中华人民共和国境内开展的志愿服务以及与志愿服务有关的活动。

本条例所称志愿服务，是指志愿者、志愿服务组织和其他组织自愿、无偿向社会或者他人提供的公益服务。

第三条 开展志愿服务，应当遵循自愿、无偿、平等、诚信、合法的原则，不得违背社会公德、损害社会公共利益和他人合法权益，不得危害国家安全。

第四条 县级以上人民政府应当将志愿服务事业纳入国民经济和社会发展规划，合理安排志愿服务所需资金，促进广覆盖、多层次、宽领域开展志愿服务。

第五条 国家和地方精神文明建设指导机构建立志愿服务工作协调机制，加强对志愿服务工作的统筹规划、协调指导、督促检查和经验推广。

国务院民政部门负责全国志愿服务行政管理工作；县级以上地方人民政府民政部门负责本行政区域内志愿服务行政管理工作。

县级以上人民政府有关部门按照各自职责，负责与志愿服务有关的工作。

工会、共产主义青年团、妇女联合会等有关人民团体和群众团体应当在各自的工作范围内做好相应的志愿服务工作。

第二章 志愿者和志愿服务组织

第六条 本条例所称志愿者，是指以自己的时间、知识、技能、体力等从事志愿服务的自然人。

本条例所称志愿服务组织，是指依法成立，以开展志愿服务为宗旨的非营利性组织。

第七条 志愿者可以将其身份信息、服务技能、服务时间、联系方式等个人基本信息，通过国务院民政部门指定的志愿服务信息系统自行注册，也可以通过志愿服务组织进行注册。

志愿者提供的个人基本信息应当真实、准确、完整。

第八条 志愿服务组织可以采取社会团体、社会服务机构、基金会等组织形式。志愿服务组织的登记管理按照有关法律、行政法规的规定执行。

第九条 志愿服务组织可以依法成立行业组织，反映行业诉求，推动行业交流，促进志愿服务事业发展。

第十条 在志愿服务组织中，根据中国共产党章程的规定，设立中国共产党的组织，开展党的活动。志愿服务组织应当为党组织的活动提供必要条件。

第三章 志愿服务活动

第十一条 志愿者可以参与志愿服务组织开展的志愿服务活动，也可以自行依法开展志愿服务活动。

> **拓展阅读**
>
> 第十二条 志愿服务组织可以招募志愿者开展志愿服务活动；招募时，应当说明与志愿服务有关的真实、准确、完整的信息以及在志愿服务过程中可能发生的风险。
>
> 第十三条 需要志愿服务的组织或者个人可以向志愿服务组织提出申请，并提供与志愿服务有关的真实、准确、完整的信息，说明在志愿服务过程中可能发生的风险。志愿服务组织应当对有关信息进行核实，并及时予以答复。
>
> 第十四条 志愿者、志愿服务组织、志愿服务对象可以根据需要签订协议，明确当事人的权利和义务，约定志愿服务的内容、方式、时间、地点、工作条件和安全保障措施等。
>
> 第十五条 志愿服务组织安排志愿者参与志愿服务活动，应当与志愿者的年龄、知识、技能和身体状况相适应，不得要求志愿者提供超出其能力的志愿服务。
>
> 第十六条 志愿服务组织安排志愿者参与的志愿服务活动需要专门知识、技能的，应当对志愿者开展相关培训。
>
> 开展专业志愿服务活动，应当执行国家或者行业组织制定的标准和规程。法律、行政法规对开展志愿服务活动有职业资格要求的，志愿者应当依法取得相应的资格。
>
> 第十七条 志愿服务组织应当为志愿者参与志愿服务活动提供必要条件，解决志愿者在志愿服务过程中遇到的困难，维护志愿者的合法权益。
>
> 志愿服务组织安排志愿者参与可能发生人身危险的志愿服务活动前，应当为志愿者购买相应的人身意外伤害保险。
>
> 第十八条 志愿服务组织开展志愿服务活动，可以使用志愿服务标志。
>
> 第十九条 志愿服务组织安排志愿者参与志愿服务活动，应当如实记录志愿者个人基本信息、志愿服务情况、培训情况、表彰奖励情况、评价情况等信息，按照统一的信息数据标准录入国务院民政部门指定的志愿服务信息系统，实现数据互联互通。
>
> 志愿者需要志愿服务记录证明的，志愿服务组织应当依据志愿服务记录无偿、如实出具。
>
> 记录志愿服务信息和出具志愿服务记录证明的办法，由国务院民政部门会同有关单位制定。
>
> 第二十条 志愿服务组织、志愿服务对象应当尊重志愿者的人格尊严；未经志愿者本人同意，不得公开或者泄露其有关信息。
>
> 第二十一条 志愿服务组织、志愿者应当尊重志愿服务对象人格尊严，不得侵害志愿服务对象个人隐私，不得向志愿服务对象收取或者变相收取报酬。
>
> 第二十二条 志愿者接受志愿服务组织安排参与志愿服务活动的，应当服从管理，接受必要的培训。
>
> 志愿者应当按照约定提供志愿服务。志愿者因故不能按照约定提供志愿服务的，应当及时告知志愿服务组织或者志愿服务对象。

**拓展阅读**

第二十三条　国家鼓励和支持国家机关、企业事业单位、人民团体、社会组织等成立志愿服务队伍开展专业志愿服务活动，鼓励和支持具备专业知识、技能的志愿者提供专业志愿服务。

国家鼓励和支持公共服务机构招募志愿者提供志愿服务。

第二十四条　发生重大自然灾害、事故灾难和公共卫生事件等突发事件，需要迅速开展救助的，有关人民政府应当建立协调机制，提供需求信息，引导志愿服务组织和志愿者及时有序开展志愿服务活动。

志愿服务组织、志愿者开展应对突发事件的志愿服务活动，应当接受有关人民政府设立的应急指挥机构的统一指挥、协调。

第二十五条　任何组织和个人不得强行指派志愿者、志愿服务组织提供服务，不得以志愿服务名义进行营利性活动。

第二十六条　任何组织和个人发现志愿服务组织有违法行为，可以向民政部门、其他有关部门或者志愿服务行业组织投诉、举报。民政部门、其他有关部门或者志愿服务行业组织接到投诉、举报，应当及时调查处理；对无权处理的，应当告知投诉人、举报人向有权处理的部门或者行业组织投诉、举报。

第四章　促进措施

第二十七条　县级以上人民政府应当根据经济社会发展情况，制定促进志愿服务事业发展的政策和措施。

县级以上人民政府及其有关部门应当在各自职责范围内，为志愿服务提供指导和帮助。

第二十八条　国家鼓励企业事业单位、基层群众性自治组织和其他组织为开展志愿服务提供场所和其他便利条件。

第二十九条　学校、家庭和社会应当培养青少年的志愿服务意识和能力。

高等学校、中等职业学校可以将学生参与志愿服务活动纳入实践学分管理。

第三十条　各级人民政府及其有关部门可以依法通过购买服务等方式，支持志愿服务运营管理，并依照国家有关规定向社会公开购买服务的项目目录、服务标准、资金预算等相关情况。

第三十一条　自然人、法人和其他组织捐赠财产用于志愿服务的，依法享受税收优惠。

第三十二条　对在志愿服务事业发展中做出突出贡献的志愿者、志愿服务组织，由县级以上人民政府或者有关部门按照法律、法规和国家有关规定予以表彰、奖励。

国家鼓励企业和其他组织在同等条件下优先招用有良好志愿服务记录的志愿者。公务员考录、事业单位招聘可以将志愿服务情况纳入考察内容。

> **拓展阅读**
>
> 第三十三条　县级以上地方人民政府可以根据实际情况采取措施，鼓励公共服务机构等对有良好志愿服务记录的志愿者给予优待。
>
> 第三十四条　县级以上人民政府应当建立健全志愿服务统计和发布制度。
>
> 第三十五条　广播、电视、报刊、网络等媒体应当积极开展志愿服务宣传活动，传播志愿服务文化，弘扬志愿服务精神。
>
> 第五章　法律责任
>
> 第三十六条　志愿服务组织泄露志愿者有关信息、侵害志愿服务对象个人隐私的，由民政部门予以警告，责令限期改正；逾期不改正的，责令限期停止活动并进行整改；情节严重的，吊销登记证书并予以公告。
>
> 第三十七条　志愿服务组织、志愿者向志愿服务对象收取或者变相收取报酬的，由民政部门予以警告，责令退还收取的报酬；情节严重的，对有关组织或者个人并处所收取报酬一倍以上五倍以下的罚款。
>
> 第三十八条　志愿服务组织不依法记录志愿服务信息或者出具志愿服务记录证明的，由民政部门予以警告，责令限期改正；逾期不改正的，责令限期停止活动，并可以向社会和有关单位通报。
>
> 第三十九条　对以志愿服务名义进行营利性活动的组织和个人，由民政、工商等部门依法查处。
>
> 第四十条　县级以上人民政府民政部门和其他有关部门及其工作人员有下列情形之一的，由上级机关或者监察机关责令改正；依法应当给予处分的，由任免机关或者监察机关对直接负责的主管人员和其他直接责任人员给予处分：
>
> （一）强行指派志愿者、志愿服务组织提供服务；
>
> （二）未依法履行监督管理职责；
>
> （三）其他滥用职权、玩忽职守、徇私舞弊的行为。
>
> 第六章　附则
>
> 第四十一条　基层群众性自治组织、公益活动举办单位和公共服务机构开展公益活动，需要志愿者提供志愿服务的，可以与志愿服务组织合作，由志愿服务组织招募志愿者，也可以自行招募志愿者。自行招募志愿者提供志愿服务的，参照本条例关于志愿服务组织开展志愿服务活动的规定执行。
>
> 第四十二条　志愿服务组织以外的其他组织可以开展力所能及的志愿服务活动。城乡社区、单位内部经基层群众性自治组织或者本单位同意成立的团体，可以在本社区、本单位内部开展志愿服务活动。
>
> 第四十三条　境外志愿服务组织和志愿者在境内开展志愿服务，应当遵守本条例和中华人民共和国有关法律、行政法规以及国家有关规定。
>
> 组织境内志愿者到境外开展志愿服务，在境内的有关事宜，适用本条例和中华人民共和国有关法律、行政法规以及国家有关规定；在境外开展志愿服务，应当遵守所在国家或者地区的法律。
>
> 第四十四条　本条例自2017年12月1日起施行。
>
> 资料来源：中国政府网

**3. 提高大学生自身认知水平，增强社会责任履行能力**

大学生的社会责任感是否强烈，取决于自身对以下三点的思想认识。

（1）大学生要明白什么是社会责任感，以及社会责任感与自己的关系。社会责任感作为一种观念意识，在团队合作、集体生活和社会公德等方面都有体现。大学生必须有强烈的社会责任感，才能为社会、为国家的发展贡献自己的力量。

（2）大学生要严格要求自己，要有自律精神，在履行社会责任和义务时，自觉约束自身，在自律中培养高尚的道德情操。

（3）大学生可以把思想认知转化为实际行动，在行动中体现出自己的社会责任感，为社会主义和谐社会的发展贡献自己的一分力量。

> **拓展阅读**
>
> **教育部关于印发《学生志愿服务管理暂行办法》的通知**
>
> 教思政〔2015〕1号
>
> 各省、自治区、直辖市教育厅（教委），新疆生产建设兵团教育局，部属各高等学校：
>
> 为进一步推进学生志愿服务工作科学化、规范化、制度化建设，加强对各级各类学校学生志愿服务工作的指导，现将我部制定的《学生志愿服务管理暂行办法》印发给你们，请遵照执行。
>
> 各地教育部门、各级各类学校要把贯彻落实《学生志愿服务管理暂行办法》作为加强大学生思想政治教育和未成年人思想道德建设的重要举措，紧密结合实际，制订实施办法，努力提升学生志愿服务管理水平。
>
> 教育部
> 2015年3月16日

> **拓展阅读** ▶

## 学生志愿服务管理暂行办法

### 第一章 总则

第一条 为规范学生志愿服务工作，加强学生志愿服务管理，进一步推进立德树人，提高学生社会实践能力，增强学生社会责任感，特制定本办法。

第二条 本办法适用于各级各类学校学生志愿服务工作。

第三条 学生志愿服务，是指学生不以获得报酬为目的，自愿奉献时间和智力、体力、技能等，帮助他人、服务社会的公益行为。十周岁以上的未成年学生，经其监护人同意，可以申请成为学生志愿者。未成年学生参与志愿服务，根据实际情况应当在其监护人陪同下或者经监护人同意参与志愿服务。

第四条 学生志愿服务要遵循自愿、公益原则。学生志愿服务内容主要包括：普及文明风尚志愿服务、送温暖献爱心志愿服务、公共秩序和赛会保障志愿服务、应急救援志愿服务以及面向特殊群体的志愿服务等。学生志愿者在志愿服务过程中要弘扬"奉献、友爱、互助、进步"的志愿精神。

### 第二章 工作机构

第五条 县级以上教育部门协调本级共青团组织明确专门机构，负责本行政区域内学生志愿服务的领导、统筹、协调、考核工作。

第六条 学校有关部门负责指导、协调本校团组织、少先队组织抓好学生志愿服务的具体组织、实施、考核评估等工作。

### 第三章 组织实施

第七条 学生志愿服务组织方式包括学校组织开展、学生自行开展两类。中小学生以学校组织开展为主，高校学生可由学校组织开展，鼓励学生自行开展。未成年学生自行开展志愿服务，遵照第一章第三条规定实施。

第八条 学校组织学生参加志愿服务，应充分尊重学生的自主意愿，按照公开招募、自愿报名（未成年人需经监护人书面同意）、择优录取、定岗服务的方式展开，切实做好相关指导、培训和风险防控工作。学校应结合实际，制订学生志愿服务计划，有计划、有步骤地组织学生参加志愿服务。

第九条 高校应给予自行开展志愿服务的学生全面支持，扶持志愿服务类学生社团建设，并将志愿服务纳入实践学分管理。

第十条 学生志愿服务程序

（一）学生志愿服务负责人向学校工作机构提交志愿服务计划等材料；

（二）学校工作机构进行登记备案，包括进行风险评估、提供物质保障、技能培训等；

**拓展阅读**

（三）学生开展志愿服务活动；

（四）学校工作机构按照规定程序对学生志愿服务进行认定记录。

有条件的学校应实行学生志愿服务网上登记备案、认定记录。

第十一条　学校应安排团委、少先队辅导员等教职员工担任志愿服务负责人，具体负责学生志愿服务的组织、记录、保障工作。

第十二条　学生参加志愿服务，学校、学生志愿者、服务对象应签订服务协议书，明确服务内容、时间和有关权利、义务。

第十三条　学校组织开展志愿服务，应切实做好风险防控，加强学生安全教育、管理和保护，必要时要为学生购买或者要求服务对象购买相关保险。学生自行开展志愿服务，学校应要求学生做好风险防控，必要时购买保险。

## 第四章　认定记录

第十四条　学校负责做好学生志愿服务认定记录，建立学生志愿服务记录档案。

（一）学校组织开展的志愿服务，由负责人、服务对象提供服务时间、服务内容等证明，学校工作机构予以认定记录。

（二）学生自行开展的志愿服务，由学生本人、服务对象提供服务时间、服务内容等证明，学校工作机构经过审核予以认定记录。

（三）学校应结合本校实际，制订志愿服务档案记录办法，完善记录程序，严格过程监督，确保学生志愿服务档案记录清晰，准确无误。

第十五条　学生志愿服务记录档案，应记载学生志愿者的个人基本信息、志愿服务信息、培训信息、表彰奖励信息等内容。

（一）个人基本信息应包括姓名、性别、出生年月、身份证号、服务技能、联系方式等。

（二）志愿服务信息应包括学生志愿者参加志愿服务活动的日期、地点、服务对象、服务内容、服务时间与次数、活动负责人等。

（三）培训信息应包括学生志愿者参加志愿服务有关知识和技能培训的内容、组织者、日期、地点、学时等。

（四）学生志愿者因志愿服务表现突出、获得表彰奖励的，学校应及时予以记录。

第十六条　学生在本学段的志愿服务记录应如实完整归入学生综合素质档案。教育部门分级逐步建立学生志愿服务记录档案信息管理系统，实现学生志愿服务记录信息化管理。

**拓展阅读**

第十七条 在大学学段实行学生志愿者星级认证制度。学校根据学生志愿者参加志愿服务的时间累计，认定其为一至五星志愿者。自大学学段以来参加志愿服务时间累计达到100、300、600、1 000、1 500小时的，分别认定为一至五星志愿者。

第十八条 学生在志愿服务认定记录中弄虚作假的，由所在学校批评教育，给予相应处理，并予通报。学校及其工作人员在学生志愿服务认定记录中弄虚作假的，由教育主管部门严肃处理，并予通报。

### 第五章 教育培训

第十九条 地方教育部门应完善各学段志愿服务教育体系，系统开展志愿理念、志愿精神、志愿服务基本要求和知识技能、志愿者权利和义务、志愿服务安全知识等基础教育。

第二十条 高校应建立健全学生志愿者骨干专业化培训体系，提高学生志愿者骨干参加专业化志愿服务的素质和能力。对于应急救援、特殊群体等专业性要求高的志愿服务，未经专业化培训合格不得参加。

第二十一条 学校应在基础教育、专业化培训基础上，根据志愿服务活动实际需要有针对性地组织开展临时性培训。

### 第六章 条件保障

第二十二条 地方和学校应设立学生志愿服务工作专项经费，纳入学校预算管理，专项用于志愿服务组织实施、认定记录、认证表彰、教育培训以及根据需要为学生参加志愿服务购买保险、提供物质保障等。专项经费的使用和管理要公开透明，专款专用，提高使用效益，并接受学校监督。

第二十三条 地方教育部门应制订各级各类学校学生志愿服务工作综合考评办法，每年定期组织进行检查考核，并且纳入大学生思想政治教育和未成年人思想道德建设工作评估体系。

第二十四条 地方教育部门应积极协调本地新闻媒体，传播志愿理念，弘扬志愿精神，普及志愿服务知识，大力宣传志愿服务先进学校、先进学生。学校应积极开展学生志愿服务先进典型宣传。

### 第七章 附则

第二十五条 地方教育部门应根据本办法，结合实际制订相关实施细则并报教育部备案，各级各类学校应根据本办法，结合实际制订相关实施细则并报相应教育部门备案。

第二十六条 本办法自发布之日起施行。

## 第二节　积极参加规范化的志愿服务活动

志愿服务活动是现代社会文明进步的重要标志，是加强精神文明建设、培育和践行社会主义核心价值观的重要内容。

党的十八大以来，志愿服务是公众参与社会公共建设的表现，一定意义上是公民社会公德和道德规范的体现，能够体现个人或企业对履行社会责任的意识，有助于早日实现中国梦。

> **知识链接**
>
> ### 志愿者名言
>
> 我志愿我健康，志愿服务意味着健康的身体、健康的心态和健康的生活。
> ——钟南山
>
> 我志愿我成长，志愿服务是学会做人、学会做事、学会与人合作的有效途径，在志愿服务中成长是最难得的人生体验。
> ——林丹妮
>
> 我志愿我快乐，志愿服务是创造、获得和享受快乐的过程，也是带给他人快乐的过程。
> ——庞波
>
> 我志愿我美丽，美丽发自内心，是一种修行，是一种状态，是一种境界，正如志愿精神。
> ——赵荣
>
> 我志愿我成就，成就体现在事业发展上，也体现在社会贡献上，志愿服务是贡献社会的最好方式。
> ——丁磊

### 一、志愿服务活动的类型

常见志愿服务主要为免费、无偿、普惠、公益性的服务活动，可以分为：助残助弱、扶贫开发、环境保护、应急救助、社区建设、大型赛会、海外服务等。

**1. 助残助弱**

助残助弱是指帮助残疾人、老人、小孩、孕妇等特殊群体。

**2. 扶贫开发**

扶贫开发是指在国家和社会的支持下，利用贫困地区的自然资源，进行开发性生产建设。

### 3. 环境保护

环境保护是指在个人、组织或政府层面，为大自然和人类福祉而保护自然环境的行为。

### 4. 应急求助

应急救助是指应对突发事件，如地震、疫情、洪水、车祸等进行的紧急救助。

### 5. 社区建设

社区建设是指在党和政府的领导下，依靠社会力量，利用社会资源，强化社区功能，完善社区服务，解决社区问题，促进社区政治、经济、文化、环境协调和健康发展，不断提高社区成员的生活水平和生活质量的过程。

### 6. 大型赛会

大型赛会是指如奥运会、足球世界杯、世界乒乓球锦标赛等规模盛大的赛会。

### 7. 海外服务

海外服务是指志愿者到国外开展为期半年至 2 年（一般为 1 年）的汉语教学、体育教学、医疗卫生、信息技术、农业技术、土木工程、工业技术、经济管理、综合培训、社会发展等领域的志愿服务工作。

> **拓展阅读**
>
> **青年志愿者服务项目**
>
> 近十五年来，青年志愿者行动的服务领域不断扩大，在农村扶贫开发、城市社区建设、环境保护、大型活动、抢险救灾、社会公益等领域形成了一批重点服务项目。
>
> **青年志愿者社区发展计划**
>
> 这项计划主要包括三方面内容：
>
> 1. 青年志愿者"一助一"长期结对服务工作从 1994 年初开始实施，通过青年志愿者组织牵线搭桥，由一名青年志愿者或一支青年志愿者服务队为一个困难家庭提供经常性服务，全国"一助一"结对已达 250 多万对。
>
> 2. 大中学生志愿者社区援助工作从 1996 年开始推进，大中学生利用周末和课余时间，就近就便深入社区，以志愿服务方式提供多内容的专业服务，目前，各地大学生志愿者正在通过到居委会挂职等方式积极开展教育、科技、文化"三进巷"活动。

3. 社区青年志愿者服务站创建工作。它们是社区青年志愿者工作最基本的组织，负责基层志愿服务活动的组织协调工作。

青年志愿者扶贫接力计划

这项计划从1996年开始试点，1998年全面展开，共青团先后联合中央文明办、教育部、卫生部、科技部、农业部、人事部、国务院西部开发办等部门共同实施，采取公开招募、定期轮换、长期坚持的接力机制，组织动员青年志愿者为贫困地区提供每期半年至2年的基础教育、医疗卫生、农业科技推广等方面的服务。截至目前，全国共有31个省、区、市实施了这项计划，累计共有20多万名城市青年报名，从中选派了13 558名志愿者，受援贫困县达211个，覆盖了西部17个省、区、市，初步形成了支教、支医两大支柱项目和跨省对口支援、省内发达地区支援欠发达地区等工作模式。目前，3 500名志愿者正在中西部贫困地区服务。

大学生志愿服务西部计划

"大学生志愿服务西部计划"是团中央、教育部等国家部委根据国务院常务会议、《国务院办公厅关于做好2003年普通高等学校毕业生就业工作的通知》和2003年全国高校毕业生就业工作电视电话会议精神的要求而实施的，财政部、人事部给予相关政策、资金支持。这项计划通过引导大学生到西部去、到基层去、到祖国和人民最需要的地方去建功立业，促进西部贫困地区教育、卫生、农技、扶贫等社会事业的发展，拓展大学生就业、创业的渠道，努力培养造就一大批既有现代科学文化知识，又有基层工作经验和强烈社会责任感的优秀青年人才。

## 二、大学生参加志愿服务活动的意义

大学生志愿服务活动是高校思想政治教育的重要载体，也是大学生参与社会实践的重要方式。志愿服务恰恰是青年思想引领工作的重要方面。

志愿服务的发展有效地为思想政治教育提供新的教育路径，大学生志愿服务活动通过寓教于实践，在志愿服务中培养集体主义精神、爱岗敬业精神、家国情怀等，这些实践过程很好地补充了高校思想政治教育的载体。

**1. 升华思想**

高校学生在参加志愿服务的过程中，能接触很多处于弱势地位的残疾人、孤寡老人、留守儿童等群体，能切身感受到我们在发展的过程中仍存在很多需要关注和解决的问题进而加深扶贫济弱、主动担负社会责任的意识。

同时，在志愿服务的过程中一般能接触到慈善机构、社会爱心团队和人士，能够更进一步了解国家、社会正在为帮助和保护弱势群体做的努力，进而加深对国家、社会的认可度。

**2. 锻炼能力**

参加志愿服务可以有多种服务形式，特别是高校学生往往擅长开展与自己专业相关的服务活动，如指导留守儿童绘画、陪伴孤寡老人修理盆景、指导聋哑学生做糕点等。高校学生为顺利开展志愿服务往往需要提前进行充分的准备，在服务过程中也不断演示与指导，这些都是在温习、实践中不断锻炼专业能力，活动效果的反馈也能有效帮助高校学生反思专业方面的不足、改进的方向等，推动高校学生主动精进专业能力。即使在常规的福利院劳动活动中，也在锻炼高校学生的动手能力、交际能力。

**3. 适应社会**

高校学生日常交际范围多围绕同学及高校工作人员，与社会人员接触的机会比较少，许多经验是来自教材与高校学生网络，缺少对社会的亲身体验。高校学生参加志愿服务是接触社会、认识社会、适应社会的一种方式。在正式踏入社会进行工作之前，通过参加志愿服务，高校学生会在接触某个群体、行业的过程中对社会的某个方面亲身体验、加深了解，知晓该行业存在的一些问题，进而去思考以后该怎样完善自己、适应社会。

**4. 可以提升自我价值**

大学生与外界接触较少，志愿活动能帮助学生进一步了解社会并适应社会发展。此外，在活动中也会接触到不同的人和事，这些人和事给志愿者工作带来了挑战，同时也能提高大学生志愿者的适应能力、应变能力及心理素质等。

**5. 可以实现社会价值**

我国大学生志愿者在重大自然灾害或重大活动中提供了高水平、高标准的志愿者服务，大大增强了我国在国际志愿者服务界的影响力。不仅如此，大学生志愿者们还开展了宣传环保知识、清扫垃圾、动员志愿者们植树造林等活动，起到了良好的模范带头作用，调动了群众保护环境的积极性。

志愿服务是社会文明进步的重要标志。希望广大志愿者、志愿服务组织、志愿服务工作者立足新时代、展现新作为，弘扬奉献、友爱、互助、进步的志愿精神，继续以实际行动书写新时代的雷锋故事。

## 第三节 不断提高志愿服务的能力

能力是完成一项目标或者任务所体现出来的综合素质。人们在完成活动中表现出来的能力有所不同，能力是直接影响活动效率，并使活动顺利完成的个性心理特征。

能力总是和人完成一定的实践活动相联系在一起的。离开了具体的实践活动既不能表现人的能力，也不能发展人的能力。

随着志愿者行动的不断深化，志愿服务活动项目的专业化、知识化特点愈发明显。

大学生开展志愿服务活动,能够充分运用所学业务知识,并在服务中巩固知识,提高分析和解决问题的能力。大学生特别注重对自己各方面能力和特长的培养,而在活动中获得专业培训,掌握实用技能,就成为大学生从事志愿者工作可期待的直接回报。

作为一个志愿者,仅有热情显然是不够的,还需掌握一定的志愿服务能力。那么,志愿服务能力包括哪些能力呢?怎样才能提高志愿服务能力呢?

## 一、志愿服务能力的内容

志愿服务能力随着志愿服务类型的不同而不同,总体来说,一般包括熟练使用相关工具的能力、处理突发事件的能力,以及其他专业能力。

### 1. 熟练使用相关工具

这里的相关工具指的是如在帮助残疾人时,要学会使用轮椅、拐杖、助行器、手杖、助听器等。下面举例阐述轮椅和拐杖的使用方法。

第一,轮椅的使用方法。把折叠的轮椅打开,拉住手刹;乘坐者坐上去后再把脚踏板放下来,切忌先放踏板,以免摔倒;系上安全带,放开手刹,即可开始行走;乘坐者下轮椅时,须先扳下助力手刹,然后收起脚踏板,待乘坐者双脚踩稳地面后松开安全带,乘坐者手握扶手或由护理人员搀扶站离轮椅;下坡时,轮椅要倒行;上坡时,正常推行;行驶中,越过低矮障碍物时,护理人员须先告知,让乘坐者双手抓握扶手,后背紧贴轮椅靠背,护理者双手握住把手套,同时用脚踩大架后面的脚踏板,使前轮抬起越过障碍物。

第二,拐杖的使用方法。当站直时,拐杖的上缘应在腋下两指左右;拐杖的扶手应在站立时下垂双手手腕横纹的位置(当握住扶手时,肘关节轻微弯曲);在站立和行走时,应该用手而不是腋窝处去支撑;行走时,身体略前倾,双拐前移 30 厘米左右,将身体重心移到双拐上;身体在两拐间前移,最终健康的腿落地撑住;当健康的腿站实后,双拐前移准备下一步;坐时,背对一把稳固(最好带扶手)的椅子,把双拐交到一只手上,另一只手向后摸到椅子,然后慢慢坐下;坐下后,把拐杖倒过来放在身边,避免拐杖滑倒;要站起来时,身体向前轻移,双拐放到伤腿一侧的手上,撑起身体,用健康的腿支撑;在上下楼梯时,一手扶楼梯扶手,一手握双拐,遵循"健康的腿先上,受伤的腿先下"的原则。

### 2. 突发事件处理办法

在志愿服务中,难免有时会出现一些突发状况,不论遇到哪种意外,作为志愿者,都应做到临危不乱、泰然处之。

第一,遇到中暑者。立即将患者转至阴凉通风处,让其平躺,松解衣扣;患者可饮用清凉降温饮料,如茶水、绿豆汤、冷盐开水等。症状严重者,切忌狂饮,采用少量多次的方法,每次以不超过 300 毫升为宜;尽快进行物理降温,用凉水加少量酒精擦洗全身,头部可放置冰袋或湿毛巾,也可用电风扇向其吹风以加速散热。经过上述处理，如症状仍无改善时，须立即请医生或送医院治疗，以免延误病情。

第二，遇到休克者。尽可能避免搬动或扰动患者，让患者平卧，松解衣领、内衣、腰带，注意保温（如果患者有哮喘、呼吸困难，可略将患者头部抬高）；因大量失血引起的休克，应立即止血，将患者双下肢抬高，下面垫以被子，使下肢血液回流心脏；保持呼吸道通畅。如果患者意识丧失，应将患者下颌抬起，以防舌根后坠而堵塞气道；如果患者清醒，可给予少量淡盐水或糖水，但不要让患者进食，以免阻塞气道及影响送到医院后的麻醉；在进行上述处理的同时应尽快送医院抢救。

第三，遇到突然停电。首先要保持镇静，不要慌张，可拨打相关电话向当地供电客户服务中心查询停电原因、范围及持续时间；拔掉电源插销，并把电线收好，防止在黑暗中把人绊倒；如果建筑物内有自备电源，应当迅速启动（公共场所要保证安全通道畅通，启动应急照明，保证疏散人员时的安全）。

第四，遇到火灾。预先熟悉逃生路线，掌握逃生方法（应尽量熟悉所在建筑物结构及逃生路径及消防设施的位置）；保持头脑清醒，扑灭初期火灾（用灭火器、自来水等在第一时间去扑救，同时呼喊周围人员参与灭火和报警，并进行分工，防止、减缓火势蔓延）；针对不同火情，寻求逃生良策（开门逃生前应先触摸门锁，若门锁温度很高，切不可打开房门。应用毛巾、被子等堵塞门缝，并泼水降温。同时利用手机等通信工具向外报警。若门锁温度正常或没有浓烟进来，可开门观察外面通道的情况。开门时应用脚抵住门下框，防止热气浪将门冲开。在确信大火并未对自己构成威胁的情况下，应尽快逃出火场）；遇有浓烟用湿毛巾捂鼻，弯腰低头迅速撤离（通过浓烟区时，尽量避免大声呼喊，并用湿衣物或毛巾捂住口腔和鼻孔，低姿行走或匍匐爬行。不要向狭窄的角落退避，逃生勿入电梯）；身上着火，千万不要奔跑，可就地打滚或用厚重的衣物压灭火苗。

### 3. 其他能力

在志愿服务中，所需的能力是根据你服务的项目决定的。如参加应急求助，需要具有相应的急救知识；再如参加社区建设，需要对整个社区有全面、客观的认识，具备较强的规划能力。志愿服务类别很多，这就要求我们在日常生活中，应该不断学习，不断丰富自己。争取在社会需要我们时，我们能够自信地挺身而出，帮助到更多的人，为社会主义的建设贡献出自己的一分力量。

### 交往常识

在日常生活中,与人友好交往的人往往会给人留下良好的印象,在志愿服务中也不例外。要做到与人友好交往,就需要了解一些交往的基本常识。交往常识包括与人交往的常识、保持优雅的仪态、与人沟通的礼节三方面内容。交往常识细则见表10-1。

表10-1 交往常识细则

| | |
|---|---|
| 与人交往的常识 | 注重形象、不卑不亢、尊敬他人、理解宽容、尊重隐私、以诚待人、热情适度、女士优先等 |
| 保持优雅的仪态 | 坐姿、站姿、走姿等 |
| 与人沟通的礼节 | 握手礼仪、交谈礼仪、电话礼仪等 |

## 二、提高志愿服务能力的途径

**1. 加强青年志愿者队伍建设,确保志愿者活动的专业性、创造性**

由于青年志愿者服务活动是一项长期的活动,是一项不断进步的事业,在服务过程中,志愿者、服务对象以及社会环境等几方面,都在不断地变化,因此,必须提高志愿者服务技能、服务水平和认识程度等,才能有助于服务水平的提高。

**2. 认真开展形式多样的青年志愿者活动,提高志愿者活动的参与性、基层性**

开展形式多样的青年志愿者服务活动能在一定程度上体现"自主教育"的特点,能够让学生在参与志愿者社会服务活动的过程中接触社会、了解现实、磨炼意志,展现青年学生蓬勃向上、敢于实践的积极的精神状态,提高与人交流、懂得妥协、善于协作等方面的能力,学会奉献、学会负责、学会追求,对于青年志愿者的内涵的理解也随着活动和实践的深入而不断加深。

**3. 建立激励机制,鼓励学生积极参与,确保志愿者活动的长期化、经常化**

科学的激励机制能够激发学生积极参与到青年志愿者活动中来,比如高校可以通过开展一系列奖励评比活动,突出青年志愿者活动在校园中的重要地位,利用校园广播站宣传阵地树立典型,弘扬正气。也可以每学年评比优秀青年志愿者,每年评选校园"十佳",校内的其他评比都和青年志愿者活动挂钩,杰出的志愿者推荐到上一级评比。

**拓展阅读**

## 如何提升志愿者服务能力

从集体培训、实战训练、督导跟进、朋辈支持四个方面谈谈如何提升志愿者服务的能力。

1. 组织集体培训，构建志愿者知识体系

通过各种渠道招募到的志愿者，特长、能力、意愿、动机等各不相同，因此，开展志愿者培训，是统一志愿者思想、行动和能力最有效、最直接的方法之一。社会工作者可以对所招募的志愿者进行差别分类，开展有针对性的培训，培训内容一般包括志愿者基础知识、专业服务价值、服务对象特征、服务方法与沟通技巧、志愿者团队管理、志愿者注册登记、志愿者服务管理、志愿者能力建设等方面的知识。通过培训丰富志愿者对于志愿服务的知识体系，深化志愿者对于志愿服务的认知，进而提升其服务能力，这样才能为接下来的社区服务创造更大的价值。

2. 推动服务实践，促进志愿者角色转变

学以致用是参与培训的最终目的，社会工作者在策划志愿者培训体系之初，就必须思考培训内容与志愿者工作的关联，然后在课后作业中让志愿者有机会运用所学。俗话说："说一千道一万，不如实践看一看。"因此，社会工作者可以在分类培训之后，让志愿者参与服务、策划服务、组织实施服务，并有意识地引导志愿者在服务实践中循序渐进地实现角色的转变。换句话说，就是将志愿者从服务的观望者变成服务的参与者，再从服务的参与者变成服务的提供者，进而促进志愿者从"受助者"到"助人者"的角色转变。

3. 加强督导跟进，推动志愿者自主发展

社会工作者在引导志愿者开展服务的过程中，或多或少会遇到一些志愿者自己无法处理的问题，此时，社会工作者就需要给志愿者开展督导工作，推动志愿者实现个人能力的提升，进而促进团队能力的提高。社会工作者可以通过个别督导、团体督导、志愿者表彰和服务授权等方式，实现志愿者及志愿者组织的自我管理、自我服务及自我发展，充分体现"社会工作者＋志愿者"联动服务模式中赋权与自主相结合的发展过程。在此过程中，社会工作者只需要扮演好督导者、教育者、组织者、协调者、资源整合者等角色，充分相信志愿者，授权给志愿者，使志愿者的综合服务能力得到提升，进而有能力、有信心、有意愿参与到长期的志愿服务中来。

4. 构建互助体系，营造志愿者团队精神

所谓"三人行必有我师"，寻求朋辈志愿者的支持，也是提升志愿者服务能力的重要途径。常言道："骏马能历险，犁田不如牛；坚车能负重，渡河不如舟。"每一个志愿者都有自己擅长的领域，就算不能够直接给予解决问题的对策和建议，在朋辈交流和分享中也可以相互学习和借鉴相关经验。因此，推动志愿者发展不能忽视朋辈群体的支持作用，社会工作者可以定期开展朋辈支持交流活动，让志愿者相互分享、相互学习、相互支持，共同探讨个人及团队发展中面临的问题及解决之策，让志愿者从中受益。同时，还可以通过每个季度定期的志愿者团队建设活动，营造团结奋进的志愿服务氛围，增加志愿者团队的凝聚力。

综上所述，提高志愿者服务能力的途径和方法是多种多样的。运用综合的方法，进行有计划、有目的、有系统的统筹谋划，才是推动和协助志愿者个人和组织提升自助互助服务能力的重要策略。

（来源：中国社会工作杂志）

**拓展阅读**

### 青年志愿者服务日

青年志愿者服务日又称学习雷锋日。2000年，共青团中央、中国青年志愿者协会共同决定把每年的3月5日作为"中国青年志愿者服务日"，组织青年集中开展内容丰富、形式多样的志愿服务活动。在3月5日广泛开展多种形式和内容的志愿服务活动，已成为近年来许多地区通行的做法。

中国青年志愿者服务日的口号是爱心献社会、真情暖人间，精神是奉献、友爱、互助、进步。

青年志愿者行动是随着社会主义市场经济的发展应运而生的，它着眼于服务改革、发展、稳定的大局和人民群众基本的生产生活需求，为促进社会主义市场经济体制的建立和完善服务，为社会主义精神文明建设服务。

开展青年志愿者行动，就是要立足社会需求，在党政关注、群众急需、青年热心的好事和急事上有所作为，通过青年志愿者的实际行动，在社会上倡导团结友爱、助人为乐、见义勇为、无私奉献的新风和正气，弘扬爱国主义、集体主义和社会主义精神，促进社会风气的进一步好转，同时也使青年在服务社会、帮助他人的过程中树立适应社会主义市场经济发展要求的社会公德意识和责任、义务观念，提高自己的思想道德和科学文化素质。

实践表明，青年志愿者行动是新的历史时期我国青年运动的新发展，是动员广大青年参与社会主义精神文明建设的新载体，是青少年在实践中经受锻炼、完善自己的新课堂，是共青团服从服务于全党全国工作大局、发挥助手和后备军作用的新途径。

通过开展青年志愿者服务，能够推动社会主义精神文明建设，促进社会主义市场经济体制的建立和完善，提高青年整体素质，为经济社会的协调发展和全面进步做出贡献。

（来源：中国社会工作杂志）

# 第九章 社会实践与志愿服务

## 📝 实践活动

### 奉献爱心——看望敬老院老人

大学生作为社会建设的中坚力量，已成为志愿服务的主力军。参加志愿服务，不仅能培养良好的思想品德和行为习惯，还体现了全方位的育人意义。现以"看望敬老院老人"为实践主题，以实地参观和网络搜索两种方式搜集敬老院的基本情况，确定实践活动的日期、路线、费用、主要内容，提前准备好捐助物资。实践过程中，还应安排陪老人聊天、做游戏、打扫卫生、喂饭等活动。实践活动结束后，可在校外进行相关宣传活动。

敬老院的基本情况：_____
敬老院所需物资：_____
日期、路线、费用等的规划：_____
进行的活动：_____

## 📝 实践活动

### 制作志愿活动策划书

无偿献血活动策划书（供参考）

【活动主题】

以我热血绘太阳，让你的生命洒满阳光！

【活动背景及意义】

大家都知道，生命离不开血液，输血是抢救危重病人的一种特殊医疗措施。在目前人造血液尚不能完全代替人体血液之时，临床用血只能靠健康人体捐献。过去，临床用血来自个体卖血，他们为了卖更多钱，往往弄虚作假，隐瞒病史，甚至冒名顶替，重复多次卖血，严重影响了血液质量和供血者的自身健康，有的患者通过输血还染上了疾病，造成了经血液途径传播的疾病的进一步传播。

因此只有实行无偿献血制度，坚决制止买血卖血行为，才能保证医疗用血的质量，才能遏制严重影响人民身体健康和社会安定的艾滋病、肝炎等经血液传播疾病的传播，减少医疗费用支出，最大限度地保护供血者和受血者的身体健康。无偿献血是团结友爱、无私奉献精神的具体表现，也是一种互救互助的方式，你今天献血救助他人，以后一旦自己或亲属得病之时，又会得到他人的帮助。这也充分体现了社会主义社会人与人之间团结互助和人道友爱的精神！

中国素有"礼仪之邦"的美称，而中国也是传统文化历史悠久的国家，爱心是中华民族传承至今的美德，本次献血活动是以爱心为主题，一方面有利于献血者的身体健康，另一方面能彰显大学生的素质和爱心，此次的献血活动，可以引导大家对爱心的重视，端正思想态度。

【活动目的】

1. 开展无偿献血活动，发扬大学生志愿精神，展现大学生高尚的精神面貌。
2. 通过无偿献血，让广大同学对献血的相关知识及重要性有进一步认识。
3. 无偿献血，拯救生命，促进社会文明发展。
4. 宣传无偿献血的知识倡导同学关爱社会，增强同学们的道德修养。

【活动地点】

第××栋宿舍

【活动时间】

××年××月××日

【活动主办部门】

青年志愿者服务部

【参与人员】

志愿献血的师生

【活动流程】

（一）前期准备

1. 确定具体的实施方案，分配青服部、办公室、宣传部等的具体工作，确保工作进行时的衔接顺畅。
2. 向相关领导汇报活动准备，并取得活动批准。
3. 联系宣传部和学生会及其他五系青服部，协同宣传，保证宣传力度。（宣传部、青服部）
4. 和学校联系，准备桌子20张，凳子30条，并确定场地的使用。（组织部）
5. 提前和医院取得联系，并商量一些相关的事宜。（青服部）
6. 邀请团总支委员和学生会委员进行爱心献血，起带头作用。（办公室）
7. 在献血地点贴上温馨提示，以及献血活动的宣传单发放准备。（宣传部）
8. 青服部负责人负责物品的采购，如签字笔、红纸等。（青服部）
9. 与办公室取得联系，商量制作横幅的事情，并提前两至三天将横幅内容告诉办公室。（宣传部）
10. 通知社团部的委员前来采集当天的照片。（社团部）

（二）活动宣传

1. 海报宣传——与宣传部的负责人取得联系，设计海报，以简约明了的形式彰显本次献血活动的主题，并且提前三至四天将海报张贴公示。（宣传部）
2. 与其他四系进行商讨，共同进行下班宣传，务必确保宣传到位。
3. 会议宣传——通过学生会和团总支的这一个平台，向各班的班长宣传献血活动。

4. 横幅宣传，宣传单宣传。（青服部）

5. 联系保安室准备献血车供电，供电所需的线圈，献血所需的志愿者帽子及衣服。（青服部）

6. 组织衣服保管处，负责同学衣服的保管。（青服部）

7. 活动结束后打扫和收拾活动现场。（外联部和组织部）

8. 应急小组：组长：××，联系电话：××；副组长：××、××，联系电话：××；成员：各部门大二负责人、大一委员。

（三）活动细节

1. 提前拿到血站负责人的联系方式，告诉他们爱心献血的事情，并当面确定活动开展的具体方案。（青服部）

2. 青服部内部开会，分配具体工作，并强调其细节。（青服部）

3. 宣传部保证海报的宣传质量和按时性。（宣传部）

4. 进行全面宣传。（宣传部）

5. 取得献血场地的使用权，将桌、凳和帐篷在场地有计划地摆放好，并将制作的横幅拿到手。（青服部）

6. 将自愿献血的人的名单进行汇总，做表格存根。（办公室）

7. 活动地点设咨询点、登记点、休息点等。（办公室）

（四）注意事项

1. 在献血活动开始前两小时到场，检查有没有什么不足。

2. 迎接献血工作人员，他们到达场地后，如果对布置不满意，我们再进行小的调整，然后我们的工作人员就位，准备活动开始。

3. 献血活动正式开始后，对献血同学进行登记（登记内容：姓名、班级、联系方式）。

4. 活动中出现突发事件，按预案做应急处理。

（五）活动结束

1. 认真听取采血负责人对组织这次活动的评价，希望再次合作。

2. 送血站的工作人员离开，并合影留念。

3. 打扫场地的卫生，不要让活动场地残留垃圾，归还桌、凳等工具。（外联部和组织部）

4. 收集相关活动资料，为部门的活动总结以及活动宣传做准备。（办公室）

5. 活动后开部门大会，对本次活动进行认真的总结，从中发现不足，让以后的工作能更好地开展。（青服部）

6. 将爱心献血者的名单用红榜的形式公布出来，对献血者致以感谢。（宣传部）

（六）活动突发事件及应急方法

1. 若献血活动当天下大雨，则和血站工作人员商量，将献血时间推迟；若献血活动当天下小雨，则活动可以继续进行。

2. 若献血活动进行时，有献血者出现晕血，情况严重时应立即送往医院进行治疗；情况较轻的，则由血站的医生帮忙处理。

3. 若出现断电的情况，应马上检查电路，尽快恢复供电。

（七）其他事项

1. 活动进行时，工作人员必须保持通信畅通。

2. 随时向学院领导汇报活动开展的最新情况。

3. 现场出现问题及时解决并马上联系活动负责人。

4. 应急小组随时待命，负责人务必在现场做好指挥。

（八）经费预算

1. 制作宣传海报，150元。

2. 购买打扫卫生的工具，100元。

3. 采集照片费用，200元。

青年志愿服务队

# 第十章　劳动安全与风险防范

### 学习导读

"安而不忘危,存而不忘亡,治而不忘乱。"实现中华民族伟大复兴的中国梦,保证人民安居乐业,维护国家安全是头等大事。

知识讲解

## 第一节　实验室安全

### 一、实验室安全的重要性

#### （一）实验室安全的内涵

实验室是高校进行教学和研究的重要基地，是新形势下培养高素质人才、产出高水平成果、服务经济建设的主要场所。我国著名的物理学家冯瑞院士评价"实验室是现代大学的心脏"，形象地说明了实验室的重要作用。但是，随着我国高校对外开放力度的加大和学校内部管理体制改革的不断深入，高校实验室使用频繁，人员集中且流动性大。在实验室运行过程中，涉及许多设备的调试运用和种类繁多的易燃、易爆等危险化学品。近年来常发生的实验室安全事故类型主要包括：火灾、爆炸、中毒、触电等。这些实验室事故，除造成了人员伤亡和大量的财产损失外，也造成了严重的环境污染。

#### （二）实验室安全的重要意义

重视实验室安全，保障实验者的人身安全、实验室财产安全，防止环境污染在当前尤为重要。只有在安全的基础上才能使实验室诸项工作得以顺利进行。为了更好地履行高校实验室所承载的使命，我们需要时刻牢记把实验室的安全放在首位，让大学生在进入实验室之前，充分了解实验室内的规章制度、操作规范及应急处理等各个涉及实验室安全的问题，保证师生的人身安全，确保实验研究的顺利进行。

#### （三）实验室常见安全事故类型及原因分析

随着我国高等教育的快速发展，以及在新形势下对人才培养和科学研究的新要求，各高校都加大了实验室建设的力度，使得高校实验室建设在数量上和规模上都达到了前所未有的水平。但随着实验室规模的扩大，以及实验室种类和数量的增多，各种安全隐患也随之增加。特别是在电器设备使用、机械设备使用和危险化学品实验操作等环节上，都存在着不同程度的安全隐患。因此，实验室安全问题越来越受到教育部和各高校的高度重视，并被列入高校管理工作的重要内容。

**1. 实验室在安全管理方面存在的主要问题**

目前，高校实验室在安全管理方面主要问题大体分为以下几个方面。

（1）实验室安全管理方面的规章制度不完善。高校实验室建设的步伐在加快，但相应的实验室安全管理制度和安全操作规程没有及时进行修订。

（2）专职实验工作人员匮乏，相应的安全检查制度不能得到彻底的贯彻落实。目前有些高校实验室大多靠高年级的研究生兼做实验室管理人员，没有配备专职的实验室管理人员，由此暴露出我国专业化的实验室管理人才的缺乏。

（3）实验人员安全意识淡薄，对实验过程中可能造成的危害认识不足，人身防护得不到重视，操作规程掌握不到位，等等，导致安全隐患得不到及时有效整改，最终演变成安全事故。

**2. 实验室发生安全事故的主要形式**

高校实验室从功能上大体分为生物类实验室、化学类实验室、机械电子类实验室等。根据实验室的不同特点，安全事故大体上存在如下几种。

（1）细菌（病原微生物）感染和污染事故。

对于致病性不强的菌种，一些实验人员往往会麻痹大意。但细菌可能产生变异，在某些特定条件下由非致病菌转变为致病菌，如果人体感染会非常危险，特别是身体上有伤口时危险性就更大。另外，对于在实验中得到的少数致病菌，如果没有被严格消毒处理，那么这些致病菌就可能会危害师生健康，甚至污染环境，危害周围更多的人与生物的健康。例如，大学生做毕业论文设计时，经常要从水体、土壤或动物身体上分离细菌或真菌菌株。因为其数量庞大，实验人员常常不会对分离到的每株菌都进行鉴定，但在分离过程中有可能会得到少数致病菌，它们因未被鉴定而不易被发现。

（2）放射性化学药品和剧毒类化学药品事故。

在化学实验中可能接触到的放射性化学药品，由于操作不规范，致使实验操作人员身体发生慢性病变和实验室环境长期受到放射性污染。在化学实验中可能接触到的剧毒类化学药品，由于操作失误或实验设备老化而造成有毒物质的外泄，都会导致实验操作人员中毒和环境污染。

（3）气体钢瓶安全事故。

气体钢瓶是储存压缩气体的特制的耐压钢瓶，钢瓶内压很大（有的高达15 MPa）。实验室中有很多有毒、窒息性气体钢瓶，如氮气、二氧化碳、氩气等，供实验人员进行实验操作时直接使用。气体钢瓶属于特种设备，因此在存放和使用时应注意安全，防止意外泄漏造成窒息事故。同时，使用过期气瓶或气瓶内储存氧气、甲烷等可燃气体，也会导致物质物理爆炸、化学爆炸事故。

（4）危险化学试剂腐蚀、灼伤事故。

若实验人员对实验操作流程不熟练或实验时操作不当，使腐蚀性化学药品（如强酸、强碱）外泄，会造成眼睛或皮肤损伤、灼伤。

（5）危险化学品泄漏和环境污染事故隐患。

实验室产生的有毒、有害化学废气、废液或固体废弃物收集不当或随意排放会导致环境污染。仪器设备老化和故障，会导致各种管、阀、泵、釜、罐等"跑、冒、滴、漏"，如果维护管理不到位，设备带故障运行则极易发生化学品泄漏事故。危险化学品泄漏可能造成火灾、爆炸、中毒等后果，不但危及生命安全，还可能对生态环境造成严重破坏。

## 二、常见实验室安全事故的应急处理

### （一）火灾、爆炸的应急处理

（1）发现火情立即采取措施处理，防止火势蔓延并迅速报告。

（2）确定火灾、爆炸发生的位置，判断出火灾发生的原因。

（3）明确火灾、爆炸周围环境，判断是否有重大危险源分布、是否会带来次生灾害。

（4）明确救灾的基本方法，按照应急处置程序采用适当的消防器材进行扑救。木材、布料、纸张、橡胶及塑料等固体可燃材料火灾，采用水冷却法；对珍贵图书、档案等，应使用二氧化碳、卤代烷、干粉灭火剂灭火；易燃可燃液体、易燃气体和油脂类等化学药品火灾，使用大剂量泡沫灭火剂、干粉灭火剂灭火；带电电器设备火灾，应切断电源后再灭火，需要带电灭火时，应使用沙子或干粉灭火器，不能使用泡沫灭火器或水；可燃金属如镁、钠、钾及其合金火灾，应用特殊灭火剂，如干砂或干粉灭火器等。

（5）依据可能发生的危险化学品事故类别、危害程度级别划定危险区，对事故现场周边区域进行隔离和疏导。

（6）视火情拨打119报警求救，并到明显位置引导消防车进入。

### （二）中毒的应急处理

毒物按化学结构的不同分为有机物、无机物；按形态的不同分为气体、固体；按致毒作用分为刺激性、窒息性、麻醉性、致热源性、腐蚀性、致敏性毒物。

**1. 毒物主要通过三种途径进入人体**

（1）呼吸道。有硫酸烟雾、盐酸蒸气、硝酸或氮的氧化物、硫化氢、一氧化碳及氨、溴和汞的蒸气等通过呼吸道进入人体，其中以硫化氢和一氧化碳毒性最强。

（2）皮肤。毒物通过完整的皮肤到达皮脂腺及腺体细胞而被吸收，一小部分则通过汗腺进入人体。如汞、二氧化硫、一氧化碳、氮的氧化物、苯胺等。

（3）消化道。由呼吸道进入人体的毒物，一部分黏在鼻咽部的分泌物中，可被人体吞入而进入消化道。毒物经未洗净的手，可在饮水、进食时经消化道进入人体，如氰化物、汞盐、砷化物等。

毒物从呼吸道、皮肤、消化道进入人体以后，逐渐侵入血管而分布于身体的某些部位，在体内与新陈代谢的各种产物产生发应，使人发生不同程度的中毒症状甚至死亡。

**2. 急性中毒常用的救护方法**

（1）对于急性中毒者，首先要移离中毒现场，至空气新鲜场所给予吸氧，进行人工呼吸。要脱除被污染的衣物，用流动的清水及时冲洗皮肤，时长一般不少于20分钟，并考虑选择适当中和剂做中和处理。毒物溅入眼睛或引起灼伤，要优先迅速冲洗。如二氧化硫、氯气刺激眼部，用2%～3%的碳酸氢钠溶液充分洗涤。

（2）必须保护中毒者的呼吸道通畅，防止梗阻。密切观察中毒者的意识、瞳孔、血压、呼吸、脉搏等生命体征，发现异常立即处理。

（3）误食毒物应立即给中毒者服下催吐剂，如鸡蛋白、牛奶和食用油等，然后用手指伸入其喉部使其呕吐。磷中毒不能喝牛奶，送医后，用5～10毫升的硫酸铜溶液加入一杯温水后内服，以促其呕吐。

（4）有毒物质落在皮肤上，可参照化学灼伤的处理方法予以处理后送医院治疗。

**（三）触电的应急处理**

**1. 触电急救的原则**

迅速脱离电源，及时进行现场急救，保护触电者生命。触电者未脱离电源前，救助人员不准用手直接触及触电者，救助人员要注意保护自身安全。

使触电者脱离电源的方法是，切断电源开关（若电源开关较远，可用干燥的木棍、竹竿等挑开触电者身上的电线或带电设备）；可用几层干燥的衣服将手包住，或者站在干燥的木板上，拉触电者的衣服，使其脱离电源。

**2. 触电者脱离电源后的处理**

首先判断触电者神志是否清醒。神志清醒者，应使其就地躺平，严密观察，暂时不要站立或走动；神志不清者，应使其就地仰面躺平，且确保触电者气道通畅，并以5秒的时间间隔呼叫或轻拍其肩膀，以判定其是否意识丧失，禁止摇动触电者头部。若触电者出现呼吸或心跳停止症状，要立即实施心肺复苏术。

**3. 现场心肺复苏的操作步骤**

（1）判断环境安全。确保触电者已脱离电源。

（2）判断触电者意识。双膝跪于触电者右侧，轻拍触电者双肩，在其耳边高声呼唤："喂！你怎么啦？"触电者无反应即可判断其无意识。

（3）打开气道。迅速解开触电者的衣领等，清除口鼻内的污物，以防污物等进入气道内。用仰头举颌法打开气道。左手放在触电者前额，手掌向后方施加压力，右手食指、中指并拢托起下颌，使触电者口张开。

（4）判断呼吸。俯身下去，耳朵靠近触电者鼻子，一看（用眼睛看触电者胸腹部有无起伏）、二听（用耳朵听触电者口鼻有无呼吸声）、三感觉（用面颊皮肤感觉呼吸气流）。

（5）实施心肺复苏。救助人员双腿自然分开与肩同宽，跪于触电者一侧（一般为右侧），触电者呈仰卧位，上肢置于身体两侧呈心肺复苏体位。救助人员十指交叉，手掌朝下定位在胸部两乳头连线中点；一手掌根部紧贴按压部位，另一手重叠其上，指指交叉，双臂伸直与触电者胸部呈垂直方向。用上半身重量及肩臂肌力向下用力按压，要有节奏，有规律，比自身呼吸频率稍快，频率为100～120次/分；按压深度为成人4～5厘米，儿童2～3厘米，婴幼儿1～2厘米，按压30次。

（6）5个循环后停止，检查颈动脉5秒钟，再次观察触电者呼吸、脉搏、面色。

（7）一般情况下，非专业人员不建议口对口做人工呼吸。

### （四）化学品灼伤的应急处理

在紧急情况下，首先进行适当的急救处理，并抓紧时间将被灼伤人员送往医院做进一步治疗，将伤害减至最低。

#### 1. 化学品灼伤的分类

化学品灼伤主要包括眼睛灼伤和皮肤灼伤。眼睛灼伤是眼内溅入碱金属、溴、醇、浓酸、浓碱等化学品和其他具有刺激性的物质，对眼睛造成灼伤。皮肤灼伤有酸灼伤、碱灼伤和溴灼伤，如氢氟酸能腐蚀指甲、骨头，滴在皮肤上会形成痛苦的、难以治愈的烧伤；又如被溴灼伤后的伤口一般不易愈合。

#### 2. 紧急处理原则

（1）眼睛是优先救护的对象。

（2）化学灼伤必须在现场做紧急处理，切忌未经任何处理就送往医院，以免耽误最佳的救治时机。

（3）被灼伤后，若创面起水疱，不宜把水疱挑破。不得使用软膏或油脂类敷料涂敷伤处，这样会加重伤情。应用大量清水冲洗，纱布包扎，隔绝空气，防止皮肤继续受到侵害。

#### 3. 化学品灼伤的应急处理方法

（1）化学药品灼伤。

①酸灼伤。

皮肤：立即用大量清水冲洗，然后用5％的碳酸氢钠溶液洗涤，再用清水洗净，涂上甘油。若有水疱，则涂上紫药水。

眼睛：抹去溅在眼睛外面的酸，立即用水冲洗，用洗眼杯或橡皮管套上水龙头，用慢水对准眼睛冲洗后，用稀碳酸氢钠溶液洗涤，最后滴入少许蓖麻油。

衣服：若衣服上沾有浓硫酸，可用棉花或干布吸取浓硫酸，再用水、稀氨水和水冲洗。

②碱灼伤。

皮肤：先用水冲洗，然后用饱和硼酸溶液或3％的醋酸溶液洗涤，再涂上药膏并包扎好。

眼睛：抹去溅在眼睛外面的碱，用水冲洗，再用饱和硼酸溶液洗涤，最后滴入蓖麻油。

衣服：先用水冲洗，然后用10％的醋酸溶液洗涤，再用氨水中和多余的醋酸，最后用水冲洗。

③溴灼伤。

如滴落到皮肤上，应立即用水冲洗，再用1体积25％的氨水，1体积松节油和10体积（75％）酒精混合含液涂敷；也可先用苯甘油除去溴，然后用水冲洗。如果眼睛受到溴蒸气的刺激，暂时不能睁开眼睛时，应对着盛有酒精的瓶口尽力注视片刻。

④磷灼伤。

先用水多次冲洗，然后用2％的碳酸氢钠溶液浸泡，以中和生成的磷酸。再用1％的硫酸铜溶液洗涤，使磷转化为难溶的磷化铜，再用水冲洗残余的硫酸铜，最后按烧伤处理，但不要用油性敷料。

⑤氢氟酸灼伤。

先用水多次冲洗，然后用5％的碳酸氢钠溶液洗涤，再涂上33％的氧化镁甘油糊剂，或敷上1％的氢化可的松软膏（Hydrocortisone Ointment）。

⑥酚灼伤。

先用浸了甘油或聚乙二醇和酒精混含液（7∶3）的棉花除去污物，再用清水冲洗干净，然后再用饱和硫酸铀溶液湿敷。

皮肤上沾有酚，也可以用4体积75％酒精和1体积的氯化铁溶液组成的混合液冲洗，但不可用水冲洗污物，否则有可能使创伤加重。

⑦汞处理。

汞在常温下就能蒸发，汞蒸气能致人慢性或急性中毒。因此汞撒落在地上，尽量用纸片将其收集。再用硫粉撒在残迹上。

（2）眼睛灼伤的急救处理。

眼内进入碱金属、溴、磷、浓酸、浓碱或其他刺激性物质，应立即用大量清水缓缓彻底冲洗。洗眼时要保持眼皮张开，可由他人帮助翻开眼皮，持续冲洗15分钟，边冲洗边转动眼球。

冲洗完毕后，盖上干净的纱布，迅速前往医院眼科进行处理。切记不要紧闭双眼，不要用手使劲揉眼睛。若无冲洗设备或无他人协助冲洗，可将头浸入脸盆或水桶中，努力睁大眼睛（或用手拉开眼皮）浸泡十几分钟。

（3）皮肤灼伤的急救处理。

要立即脱去被污染的衣物、鞋袜，随后用大量清水冲洗创面15～20分钟，最好在事故发生后最短的时间内（1～2分钟）进行冲洗，使伤害减至最低。

### (五) 机械性损伤事故的应急处理

#### 1. 机械伤害

机械伤害事故主要是因为操作不当或缺少防护造成的。易造成机械伤害的机械设备包括：运输机械，掘进机械，装载机械，钻探机械，破碎设备，通风、排水设备，其他转动及传动设备。当发现有人被机械伤害时，虽及时紧急停车，但因设备惯性作用，仍可能对受害者造成严重性伤害，乃至身亡。

#### 2. 实验室机械事故应对对策

（1）以制度为抓手，规范人员操作行为。

对于机械类实验室来说，必须进一步完善规章制度和安全操作规程，落实相关责任者的工作责任，提高制度的执行能力和可操作性。对一些特殊的专用设备的操作规程必须针对实验物品的特点及使用规定做深入细致的研究，制定更为细致和规范的操作规程，督促实验人员掌握该设备的危险源（点）及防范措施。通过建立健全安全实验规章制度，实行严格检查督促，落实各级各类人员的实验室安全责任制，杜绝违章指挥和违章操作的行为。

（2）严格科学设置机械加工设备的安全。

机械加工设备包括所有的金属切削设备，各种类型的锻压压力设备、木工机械、热加工设备、砂轮机及机械传动装置等。各学校对所有机械加工设备的布局、设备与设备之间的间距、设备本身的安全操作空间必须符合《实验室安全卫生规程》，做到统一布局、科学安装。同时对所有机械加工设备的危险部位都必须安装防护装置，保护机床区域内的操作者和其他人不受机械设备工作点、卷入挤压点、回转零件、飞出的碎屑和火花伤害。防护网、防护罩、栏杆、防护挡板等必要时应增加安全连锁装置，这些装置必须与机械加工设备同时设计、同时施工、同时投入使用。另外，要根据机械加工设备的维护保养的要求和规定进行日常的维护保养、定期维护保养及定期检修，以便及时发现和排除设备安全隐患，将事故隐患遏制在萌芽状态。

（3）狠抓培训教育，全力提高实验人员的自我保护意识。

强化实验室和实验人员安全培训教育工作是高校贯彻安全实验方针、实现安全实验、提高实验室负责人及实验人员安全意识和安全素质的重要途径。要强行执行实验防护用品的使用与佩戴。为保护实验人员在实验过程中的安全和健康，高校必须为实验人员配备必要的预防性装备，同时相关职能部门还必须加大检查和执法力度，通过正确配备和使用实验防护用品来改善实验条件，防止伤亡事故。一方面，实验室负责人应正确采购和选用实验防护用品；另一方面，督促实验人员正确佩戴和使用实验防护用品，同时建立健全实验防护用品的购买、验收、保管、发放、使用、更换和报废等管理制度，保障实验人员的安全与健康。

(4) 建立健全安全实验检查制度，落实隐患整改。

安全实验检查是一项综合性的安全实验管理措施，是建立良好的安全实验环境、做好安全实验工作的重要手段，也是预防事故、消除隐患、减少实验危害的有效办法。各机械类实验室必须建立健全安全检查制度，从查培训、查制度、查管理、查违章指挥和违章操作、查隐患、查安全设施六个方面进行定期、不定期的安全检查。对一时难以整改到位的问题和隐患，限期整改，并明确专人负责跟踪督查、督办，确保隐患得到控制和消除。

(5) 规范管理，加大行政执法力度。

安全实验监督管理部门通过媒体、发放法律法规文件、举办安全实验知识培训班等形式，提高高校单位和实验人员的安全实验知识和法律意识，通过多种途径进一步提高机械类实验室的安全实验法律意识，减少和控制各类机械伤害事故的发生。

**（六）实验室烧烫伤及冻伤的应急处理**

**1. 实验室烧烫伤**

不弄破水疱，在伤口处用95%的酒精轻涂伤口，涂上烫伤膏或凡士林油，再用纱布包扎。

**2. 实验室冻伤**

轻度冻伤时，虽然皮肤发红并有不舒服的感觉，但数小时后会恢复正常。中等程度冻伤时，会产生水疱；严重冻伤时，则会溃烂。

一旦发生冻伤，可把冻伤部位放入40 ℃（不要超过此温度）的温水中浸泡20～30分钟，即便恢复到正常温度后，仍需把冻伤部位抬高。在常温下，冻伤部位不必包扎任何东西，也不用绷带。如果没有温水或者冻伤部位（如耳朵等部位）不便浸水时，可通过体温缓解。同时要脱去湿衣服。

## 第二节　求职与实习安全

### 一、求职安全

**1. 大学生常见的求职陷阱和求职提醒**

**陷阱一：隐私外泄**

2013年3月2日，某师范大学2010级毕业生小王和同学去一家广告公司应聘，公司拿出了应聘信息表，可表中的问题几乎与招聘的岗位无关。如表中有这样的问题："你父母的收入状况如何？他们的工作单位是什么？""你喜欢哪个牌子的食品？""你常穿什么牌子的运动装？"为了得到这份工作，小王与同学都如实进行了填写。填完后，公司一位负责接待的女士让他们回去等消息，之后再也没有下文。后来他们才意识到该企业其实根本不是招人，而是以招聘为借口将求职者作为他们市场调研的对象了。

陷阱二：巧立名目，收取押金与费用

李某是某大学的一名大四毕业生，他在网站上发现某电子公司的招聘信息，和同学一起投递了简历，很快就收到了面试的通知。出乎他们意料的是，面试官提出的问题自己都能轻松应对，面试气氛十分轻松愉快，他们很快便都通过了面试。之后公司提出让他和同学每人交300元的服装费。李某和同学商量后觉得钱不是很多，而且有了工作之后很快就能挣回来，于是两人各自交了300元服装费。同时公司与他们约好一周后签订合同。一周之后，李某和同学再次来到这家公司，发现已经是人去楼空。

陷阱三：义务劳动并被窃取劳动成果

某师范大学中文系的学生小王在应聘时，公司以测评能力为由，让其做文案策划，他花了一周时间做的文案在投递后就一直没有回音。当时面试时，参加面试的还有3名求职者，由于大家都是刚毕业的大学生，聊得不错，互留了联系方式。文案投递后很久没有消息，大家仔细一打听，才知道这家公司谁都没有录用。他们突然意识到"会不会企业把我们的心血窃取了，根本就没想招聘，只是借招聘为由骗取应聘者免费提供的文案"。

**2. 求职提醒**

（1）通过正规渠道找工作更有保障。针对网络论坛、微博等新媒介发布的招聘信息，尽量通过搜索引擎对招聘公司的背景和招聘信息来源进行检索，方法为：直接搜索招聘公司的名称，找到官方网站了解相关信息，如联系电话、联系地址，确保与官网上的招聘信息一致。

（2）谨慎对待招聘小广告。对街道上散发和张贴的一些"招聘启事"或在非主流媒体上刊登的招聘广告，要谨慎对待。有时一些不正规的企业会临时在写字楼租一间（套）办公室，进行虚假招聘，诱人上当。

（3）提高防范意识，防止少数人利用大学生求职愿望迫切的心理，假借招聘大学生骗取钱物。任何单位均不能在招聘过程中要求大学生交纳保证金、培训考试费等。

（4）端正思想，凭借自己的实力应聘工作，应聘过程中做到不卑不亢，对招聘人员的不合理要求要予以拒绝。女大学生在应聘中不宜独自一人在较封闭的场所与招聘人员接触，如不好拒绝，应邀请同学一起前往。

（5）观察招聘的公司有无对外公布具体地址。如果有具体地址，最好进行实地考察或是请身在当地的朋友代为考察。一般骗子公司都不敢留真实地址。

（6）防止陷入假借招聘实为传销的陷阱。

（7）求职遇到困难和问题，多向熟悉职场或有经验的长者请教，及时与教师和相关领导联系。

## 二、实习协议签订环节的安全

### 1. 常见的劳动合同签订陷阱

**陷阱一：签订口头合同或空白合同**

刘某到某饭店实习，双方没有签订劳动合同，只是口头约定工资以及工作时间等内容。刘某工作一段时间后，因一些事情与老板发生争执，刘某辞职并要求饭店结清工资，但饭店老板以没有签订合同为由，拒绝支付工资。

由于大学生的身份还是学生，还不能算作真正意义上的劳动者，不能签订严格意义的劳动合同，但可以签订实习协议或劳务合同，以明确双方的权利与义务，从而保证实习质量和在实习期间发生纠纷时有章可依。

求职提醒：一些不正规的用人单位往往不与劳动者签劳动合同，只是采取口头约定，或签订劳动合同，但是要求大学生在空白合同上签字，等大学生签字后，用人单位以隐匿劳动者应当持有的劳动合同文本等方式，侵害劳动者权利。在此提醒大学生在工作前必须签订劳动合同，以确保维护自身权益，同时注意在签订书面劳动合同前，应仔细阅读合同的每一项条款。如果用人单位提供的劳动合同是格式化劳动合同，其中需要特别约定空白部分的填写内容，不要在有空白格的劳动合同上签字。待双方签订合同后，自己应保留一份劳动合同原件。

**陷阱二：实习协议内容约定不明，责任难定**

张某是某医药高级技工学校二年级的学生。在校方的统一安排下，她和其他 11 名同学来到位于开发区的某药业公司实习，从事药品包装工作。经双方约定每个月每名实习生可以得到公司发放的 800 元生活补助。数月后，张某被省职业病医院确诊为"汞中毒并肾损害"。然而，因为张某不是公司正式职工，她实习的药业公司不愿为其支付医疗费，学校又以学生遭受伤害不是发生在学校教育过程中而拒绝承担责任。

求职提醒：目前大中专院校的大学生进行实习主要以下两种形式，一是学校统一委托实习单位，二是大学生自找实习单位。不管是哪种形式，如果大学生在实习期间发生人身损害事故，出现实习单位不愿赔偿或实习单位和学校互相推卸责任的情况，其主要原因一般是大学生在实习前没有签订书面协议或书面协议内容不明确、不具体。

为了保障大学生能够安心、顺利地进行实习，积极参与社会实践活动，预防和减少大学生人身伤害赔偿案件的发生，在大学生实习过程中应注意以下问题。

（1）学校与实习单位应当签订书面协议，在协议中明确实习的目的、要求、期限、场所，以及指导老师的条件及职责、实习生在实习期间意外伤亡责任承担等内容。

（2）学校和实习单位应加强对实习生的安全教育和岗前培训工作。

（3）实习单位应切实履行对实习生的指导和监督职责。

（4）参加意外伤害保险，当事故发生时减缓实习单位与学校的经济赔偿压力。

**2. 实习协议签订环节特别注意事项**

（1）一定要签订书面的实习协议或劳务合同。实习协议必须明确规定实习的期限、工作内容和工作时间、劳动保护和劳动条件、劳动报酬、劳动纪律和违反劳动合同的责任等内容，条款要做到尽可能详细、具体。

（2）实习生在签订实习协议时一定要慎重。对协议文本仔细推敲，发现条款表述不清、概念模糊的，应及时要求实习单位进行说明与修订。为稳妥起见，实习生在签订实习协议前，也可以向有关部门或公共职业介绍机构进行咨询，确认合同相关内容的合法性、公平性。

（3）需要特别注意的是，当实习协议中涉及数字时，应当使用汉字大写数字。

（4）实习协议至少一式两份，劳资双方各执一份，均应妥善保管。

## 第三节　创业安全

### 一、大学生创业的注意事项

（1）创业必须要选择自己熟悉的领域，不要一头雾水地去创业，这样反而容易失败，所以涉足自己比较熟悉的行业才是正确的选择。

（2）创业初期需要投入更多的精力去了解创业行业的市场，只有详细地了解市场后才能仔细地做好创业规划。

（3）在创业过程中，客户是非常重要的。为了让创业变得更加顺利，与客户达成友好的合作才能有助于自己的事业发展。

（4）如果自己创业公司的主营业务以产品为主，那么产品的质量对于企业的发展是至关重要的。作为创业者一定要把好产品质量关，以获得更多客户的信任和支持。

（5）大部分创业公司在创业初期都比较艰难，创业者一定要保持良好的心态，从一点一滴的小事做起，勤奋踏实，不要好高骛远。

### 二、创业陷阱

#### （一）"调包计"陷阱

**经典案例**

大学生小王筹措了一笔资金，准备自己创业，大干一场。但在进货时，由于没有严格监控所购商品的装运、打包，货物到家后发现所购产品全被"调包"。待回去追寻卖家时，已不见其踪影。

第十章 劳动安全与风险防范

上述案例说明，大家在创业过程中要谨慎小心，注意以下两点。

(1) 市场经营活动涉及金额数目较大，必须认真检查各个环节以防出现漏洞，否则很容易造成重大损失。

(2) 市场经营活动要尽量选择有信誉保障、实力雄厚、知名度高的企业作为合作伙伴。

### 1. "调包计"的本质

"调包计"本质上属于欺诈行为，数额巨大时将以欺诈罪论处。

### 2. 防止创业时误中"调包计"

验货、装货时尽量自己动手，挑好货品后减少货主再经手的环节，尽量不要给不良商贩提供"调包"的机会。

## （二）盲目从众式创业

**经典案例**

小李即将大学毕业，但一直没有找到自己心仪的工作。后来他看到身边的人都在从事网上店铺的经营，听大家反映能够挣不少钱，于是从父母那里借来一些资金，全部投入进去。最终因自己不具备经营网店的相关知识而血本无归。

上述案例说明，大学生在创业过程中要对自己有清晰的认识，努力做好以下两个方面工作。

(1) 创业要有主见，不要盲从。

(2) 创业要符合自己的实际，有利于发挥自己的特长。

### 1. 盲目从众式创业的实质

盲目从众创业，即完全不考虑自己的能力，不清楚自己有什么资源，只有创业的激情。虽然激情是创业成功的条件之一，但不是唯一的条件。

### 2. 避免盲目从众式创业

市场竞争残酷激烈，同质性强、没有特点的企业很难立足，只有具有特色的企业，才能在激烈的竞争中树立优势、站稳脚跟。所以大学生创业者要想办法创办有自己特色的企业，不跟风，不盲从。

## （三）"假买假卖"型创业陷阱

**经典案例**

大学生小江的朋友前来鼓动他一起参加某创业项目，并带他亲自到相关项目现场进行考察。在项目现场，小江亲眼看到了火爆的交易现场，一时冲动购入了大量的货物准备创业，但后来该项目的市场表现令人失望，小江的资金也打了水漂儿。后来，经人提醒，小江才知道自己落入"假买假卖"（即现场有人卖货，有人假装买货，以招揽顾客的骗人方式）的陷阱。

由上述案例可知：

（1）市场经济竞争激烈，一些人为达到不可告人的目的，会制造各种假象来骗取别人的信任。

（2）投资有风险，一定要谨慎。大学生要多方考察，透过现象看到事物的本质。

**1. "假买假卖"将受到法律制裁**

无照经营或欺骗消费者的经营活动，应责令停止，处以罚款并要求其全额退款，严重者以欺诈罪论处。

**2. 防止陷入"假买假卖"型创业陷阱**

天上不会掉馅饼，即使怕错过赚钱的好时机，也要经过核实，不要完全被对方牵着鼻子走，一步步踏进不法分子精心布置的陷阱。

### （四）识破合同欺诈

**经典案例**

大学生小张在创业过程中遇到了暂时的资金困难，急需外来的合作方支持。小张也在各种场合向多人表达了这一愿望。很快，一家非常符合小张合作愿望的企业主动找上门来，并出具了营业执照、经营许可证、海关和商检证明、提货单、身份证、工作证等有关证件。小张"久旱逢甘霖"，未认真查验对方是否具有签订合同的资格，草率地签下了对自己不利的合同条款，直至合作中遭受多次损失后，才想起查验对方的资格，但为时已晚。

由上述案例可知：

（1）商场如战场，不要不分场合、随意泄露自己的隐秘信息。

（2）要严格按照法律规定开展经营行为，堵塞各种可能的经营漏洞。

**1. 合同诈骗的常见手段**

一是以虚假的证明材料虚构不存在的单位，或伪造身份证明，冒用他人名义，在签订合同骗取钱财后溜之大吉。

二是虚构购销产品、发包工程、投资协作等名目骗签合同，待收受对方给付的货物、货款、预付款或者得到担保财产后迅速逃匿。

三是先发布虚假广告，虚构国家行政机关、国有企业、部队或知名企业等招牌，以紧俏和滞销商品为诱饵，通过以一方需购买某种物品，而另一方能提供此物品演"双簧"来进行系列诈骗。

四是虚假夸大宣传自己的经济实力,以伪造、变造、作废的票据或者其他虚假的产权证明、土地使用证、房屋所有权证等做担保,骗取对方当事人信任,再利用经济合同诈骗钱财。

**2. 防止创业过程中的合同欺诈**

在签订和履行合同时,如发现以下几种现象要高度警觉。

(1) 在异地开展经济业务时,对方如无诚意配合,不提供明确的时间和场所,不提供真实有效的证明材料时,都要考虑经济业务的真实性。

(2) 对购销市场前景不佳的滞销产品,或所谓市场热销产品,一定要弄清其是否确实是这样。

(3) 喜欢自抬身价、居无定所、身份神秘的合作对象。

(4) 对方签订合同时,对合同签订不重视,对一些本应据理力争的具体条款却不合常理地迁就。

(5) 在货到付款进行两清时,对方有意拖延时间;或在下班时间和周末才提供支票、银行承兑汇票等金融票据时,要高度警觉,因为此时已无条件和时间去检验票据的真伪。

总之,在签订合同,特别是合同履行以前,一定要十分谨慎,以免遭受钱财损失。签订大额合同时,最好要让律师把关。

**(五) 识破"钓鱼"骗术**

**经典案例**

大学生小张踌躇满志,准备开始创业。经联系,他先与某箱包经营公司签订了几个小额进货合同,对方履行合同非常认真,货物质量过硬,来小张店铺购物的消费者都赞不绝口。经过半年的合作,小张一次性与企业签订了长期供货合同,出于对对方的信任,在对方提出提前支付款项要求时,未履行严格的法律程序,最终对方收款后毁约。

由上述案例可知:

(1) 市场经营涉及资金数额大,必须规范操作,符合法律规定。

(2) 现代社会是法制社会,决不能以人情代替法律,否则可能在遭受重大损失时无法维护自己的合法权益。

**1. "钓鱼"骗术**

这类骗术的一般方法包括:先与企业签订小额合同,认真履行,取得信任后再签大宗巨额合同行骗;或与企业签订大宗巨额合同,先付小额贷款、定金,或采取行贿、回扣等圈套骗取货物。

**2. 警惕"钓鱼"骗术**

一是对所购买物品目前的市场价格有所了解。如卖家出价远低于市场价格，交货期限又短时，谨记要加倍小心，不轻易被超低价格所惑。

二是要仔细甄别卖家信息，认真查证供货商的关键信息。

三是尽量与大型的、知名的、有信用和安全保障的商家合作，先付定金，并尽量选择验货后付款方式。

四是被骗后要及时到公安机关举报或报案，配合警方有力打击此类违法犯罪行为。

## 第四节 劳动职业病

### 一、职业危害因素的种类

通常把在生产环境和劳动过程中存在的可能危害人体健康的因素，称为职业危害因素。职业病是指员工在生产劳动及其他职业活动中，接触职业危害因素而引起的疾病。

职业危害因素一般可以归纳为以下几个类型：

**（一）工作过程中产生的有害因素**

**1. 化学因素**

（1）生产性毒物。生产性毒物主要包括铅、锰、铬、汞、有机氯农药、有机磷农药、一氧化碳、二氧化碳、硫化氢、甲烷、氨、氮氧化物等。在这些环境中作业，可能引起多种职业中毒，如汞中毒、苯中毒等。

（2）生产性粉尘。生产性粉尘主要包括滑石粉尘、铅粉尘、木质粉尘、骨质粉尘、合成纤维粉尘。长期在这类生产性粉尘的环境中作业，可能引起各种尘肺，如石棉肺、煤肺、金属肺等。

**2. 物理因素**

（1）异常气候条件。异常气候条件主要是指生产场所的温度、湿度、气流及热辐射。在高温和强烈热辐射条件下作业，可能引发热射病、热痉挛等。

（2）异常气压。高气压和低气压。潜水作业在高压下进行，可能引发减压病；高山和航空作业，可能引发高山病或航空病。

（3）噪声和振动。强烈的噪声作用于听觉器官，可引起职业性耳聋等疾病；长期在强烈振动环境中作业，会引起振动病。

（4）辐射线。辐射线是指在工作环境中存在的红外线、紫外线、X射线、无线电波，可能引发放射性疾病。

**3. 生物因素**

附着于皮毛上的炭疽杆菌、蔗渣上的霉菌等。

### （二）工作组织中的有害因素

（1）工作组织和制度不合理。如不合理的作息制度等。

（2）精神（心理）性职业紧张。

（3）工作强度过大或生产定额不当。如安排的作业或任务与劳动者生理状况或体力不相适应。

（4）个别器官或系统过度紧张。如视力紧张等。

（5）长时间处于不良体位或使用不合理的工具等。

### （三）生产环境中的有害因素

（1）自然环境中的因素。如炎热季节的太阳辐射。

（2）厂房建筑或布局不合理。如有毒与无毒的工段安排在同一车间。

（3）工作过程不合理或管理不当所致环境污染。

## 二、职工的安全健康权益保障

### （一）劳动合同

职工在上岗前应和用人单位依法签订劳动合同，建立明确的劳动关系，确定双方的权利和义务。在签订劳动合同时应注意两方面的问题：第一，在合同中要载明保障职工劳动安全、防止职业危害的事项；第二，在合同中要载明依法为职工办理工伤社会保险的事项。

遇有以下合同不能签：

（1）"生死合同"：在危险性较高的行业，用人单位往往在合同中写上一些逃避责任的条款，典型的如"发生伤亡事故，单位概不负责"。

（2）"暗箱合同"：这类合同隐瞒工作过程中的职业危害，或者采取欺骗手段剥夺职工的合法权利。

（3）"霸王合同"：有的用人单位与职工签订劳动合同时，只强调自身的利益，无视职工依法享有的权益，不容许职工提出意见，甚至规定"本合同条款由用人单位解释"等。

（4）"卖身合同"：这类合同要求职工无条件听从用人单位安排，用人单位可以任意安排加班加点，强迫劳动，使职工完全失去自由。

（5）"双面合同"：一些用人单位在与职工签订合同时准备了两份合同：一份合同用来应付有关部门的检查，另一份用来约束职工。

### （二）劳动条件

为预防、控制和消除职业病危害，保护劳动者健康及其相关权益，用人单位必须

建立健全职业安全健康制度，严格执行国家职业安全健康规程和标准，对劳动者进行职业安全健康教育，防止劳动过程中发生事故，减少职业危害。

职业安全健康设施必须符合国家规定的标准。

新建、改建、扩建工程的职业安全健康设施必须与主体工程同时设计、同时施工、同时投入生产和使用。

用人单位必须为劳动者提供符合国家规定的职业安全健康条件和必要的劳动防护用品，对从事有职业危害作业的劳动者应当定期进行健康检查。

### （三）体力劳动强度

《体力劳动强度分级》（GB 3869－1997）自1998年1月1日起正式实施，该标准是对劳动保护工作进行科学管理的一项基础标准，是确定体力劳动强度大小的根据。应用这一标准，可以明确职工承担的重点工种或工序的体力劳动强度，以便有重点、有计划地减轻职工的体力劳动强度，提高劳动生产率。

体力劳动强度的大小是以体力劳动强度指数来衡量的，体力劳动强度指数是由该工种的劳动时间、平均能量代谢率、体力劳动方式等因素构成的。体力劳动强度指数越大，体力劳动强度也越大；反之，体力劳动强度越小。

标准中规定：体力劳动强度指数小于15，体力劳动强度为Ⅰ级；大于15小于20，为Ⅱ级；大于20小于25，为Ⅲ级；大于25，为Ⅳ级。

若需了解某工种劳动强度的大小，可请当地劳动部门职业安全健康检测站进行实地测量和计算。

### （四）职业健康个体防护

在无法将作业场所中有害化学品的浓度降低到最高容许浓度以下时，劳动者就必须使用符合国家标准或行业标准的合适的个体防护用品。个体防护用品既不能降低工作场所中有害化学品的浓度，也不能消除工作场所的有害化学品，而只是一道阻止有害物进入人体的屏障。防护用品本身的失效就意味着保护屏障的消失。因此，个体防护不能被视为控制危害的主要手段，而只能作为一种辅助性措施。为了避免劳动者在生产过程中发生事故或减轻事故伤害程度，需要给劳动者配备合格的防护用品。

各类个体防护用品具有不同的功能。所有防护设备，在使用前要根据制造商的说明进行检验。

## 三、职业病的鉴定

劳动者对职业病诊断有异议的，在接到职业病诊断证明书之日起30日内，可以向做出诊断的医疗卫生机构所在地区的市级卫生行政部门申请鉴定。市级卫生行政部门组织的职业病诊断鉴定委员会负责职业病诊断争议的首次鉴定。如对市级职业病诊断鉴定委员会的鉴定结论不服的，在接到职业病诊断鉴定书之日起 15 日内，可以向原鉴定机构所在地省级卫生行政部门申请再鉴定。省级职业病诊断鉴定委员会的鉴定为最终鉴定。

省级卫生行政部门应当设立职业病诊断鉴定专家库，专家库专家任期 4 年，可以连聘连任。专家库由具备下列条件的人组成：具有良好的业务素质和职业道德；具有相关专业的高级卫生技术职务任职资格；具有 5 年以上相关工作经验；熟悉职业病防治法律规范和职业病诊断标准；身体健康，能够胜任职业病诊断鉴定工作。

职业病诊断鉴定委员会承担职业病诊断争议的鉴定工作。职业病诊断鉴定委员会由卫生行政部门组织。卫生行政部门可以委托办事机构承担职业病诊断鉴定的组织和日常性工作。职业病诊断鉴定办事机构的职责：接受当事人申请；组织当事人或者接受当事人委托抽取职业病诊断鉴定委员会专家；管理鉴定档案；承办与鉴定有关的事务性工作；承担卫生行政部门委托的有关鉴定的其他工作。

参加职业病诊断鉴定的专家，由申请鉴定的当事人在职业病诊断鉴定办事机构的主持下，从专家库中以随机抽取的方式确定。当事人也可以委托职业病诊断鉴定办事机构抽取专家。职业病诊断鉴定委员会组成人数为 5 人以上单数，鉴定委员会设主任委员 1 名，由鉴定委员会推举产生。在特殊情况下，职业病诊断鉴定专业机构根据鉴定工作的需要，可以在本地区以外的专家库中随机抽取相关专业的专家参加鉴定或者函件咨询。职业病诊断鉴定委员会专家有下列情形之一的，应当回避：是职业病诊断鉴定当事人或者当事人近亲属的；与职业病诊断鉴定有利害关系的；与职业病诊断鉴定当事人有其他关系，可能影响公正鉴定的。

当事人申请职业病诊断鉴定时，应当提供以下材料：职业病诊断鉴定申请书；职业病诊断证明书；职业史、既往史；职业健康监护档案复印件；职业健康检查结果；工作场所历年职业病危害因素检测、评价资料；其他有关资料。职业病诊断鉴定办事机构应当自收到申请资料之日起 10 日内完成材料审核，对材料齐全的发给受理通知书；材料不全的，通知当事人补充。职业病诊断鉴定办事机构应当在受理鉴定之日起 60 日内组织鉴定。

鉴定委员会应当认真审查当事人提供的材料，必要时可以听取当事人的陈述和申辩，对被鉴定人进行医学检查，对场所进行现场调查取证。鉴定委员会根据需要可以向原职业病诊断机构调阅有关诊断资料。鉴定委员会根据需要可以向用人单位索取与鉴定有关的资料，用人单位应当如实提供。对被鉴定人进行医学检查，对被鉴定人的工作场所进行现场调查取证等工作由职业病诊断鉴定办事机构安排、组织。职业病诊断鉴定委员会可以根据需要邀请其他专家参加职业病诊断鉴定。邀请的专家可以提出技术意见、提供有关资料，但不参与鉴定结论的表决。

职业病诊断鉴定委员会应当认真审阅有关资料，按照有关规定和职业病诊断标准，运用科学原理和专业知识，独立进行鉴定。在事实清楚的基础上，进行综合分析，做出鉴定结论,并制作鉴定书。鉴定结论以鉴定委员会成员的过半数通过确定。鉴定过程应当如实记载。职业病诊断鉴定书应当包括以下内容:劳动者、用人单位的基本情况及鉴定事由;参加鉴定的专家情况;鉴定结论及其依据,如果为职业病,应当注明职业病和名称、程度(期别);鉴定时间。

参加鉴定的专家应当在鉴定书上签字,鉴定书加盖职业病诊断鉴定委员会印章。职业病诊断鉴定书应当于鉴定结束之日起 20 日内由职业病诊断鉴定办事机构发送当事人。

鉴定结束后,鉴定记录应当随同职业病诊断鉴定书一并由职业病诊断鉴定办事机构存档。职业病诊断、鉴定的费用由用人单位承担。

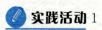

实践活动 1

**模拟法庭——劳务维权大家支招**

以班级为单位,划分小组,每组 4～5 人,其中 2～3 名为法官,剩余 2 人分别为用人单位代表和劳动者。以劳务维权为背景,开展相关的实践活动。维权原因要求每组 2～3 条,维权方不定,每组开庭时间为 30 分钟。

我代表的角色:_____
_____

维权方的理由:_____
_____
_____

我辩解的要点:_____
_____
_____

我的实践感受:_____
_____
_____

## 实践活动 2

### 紧急救助——心肺复苏

心肺复苏是急救知识的一项重要内容。请分小组扮演,每组 4~5 人,每组同学依次轮流对医学假人实施心肺复苏。每组活动时间为 30 分钟。活动结束后,请评选出动作最标准小组,并分析你所在小组在实施心肺复苏时存在的问题。

扮演角色:_____

存在的问题:_____

## 实践活动 3

### 市场调研——你身边的劳动场所安全吗?

劳动场所关乎着劳动者的生命安全,不论何时,我们都应格外注意。划分小组,每组 4~5 人,每组选定一处劳动场所调研,各小组均不同。调研主题为劳动场所是否安全,要求在调研过程中仔细查看各机器设备、电器设备、锅炉等的使用情况,查看通风、照明等是否符合标准,等等。调研结束后拟写一份报告,在班级中交流。

你的调研报告:_____

_____

该劳动场所还需改进的地方:_____

_____

_____

# 参考文献

[1] 安鸿章. 劳动实务——高等职业院校劳动教育读本［M］北京：北京理工大学出版社，2020.

[2] 刘向兵. 劳动通论［M］. 北京：高等教育出版社，2020.

[3] 许媚. 新时代劳动教育读本［M］. 成都：电子科技大学出版社，2020.

[4] 鲁加升. 新时代大学生劳动教育读本［M］. 长春：吉林大学出版社，2020.

[5] 徐长发. 劳动教育读本：小学低年级版［M］. 北京：人民日报出版社，2020.

[6] 安鸿章. 劳动通识——中等职业学校劳动教育读本［M］. 北京：北京理工大学出版社，2020.

[7] 杨明家，王瀚，黄文灵. 劳动教育教程［M］. 北京：北京邮电大学出版社，2020.

[8] 朱忠义. 劳动教育与实践［M］. 北京：北京理工大学出版社，2020.

[9] 陈国维. 大学生劳动教育［M］. 北京：高等教育出版社，2020.

[10] 金正连. 劳动教育与素质养成［M］. 北京：中国人民大学出版社，2020.

[11] 聂峰，易志军. 新时代劳动教育教程［M］. 北京：电子工业出版社，2020.